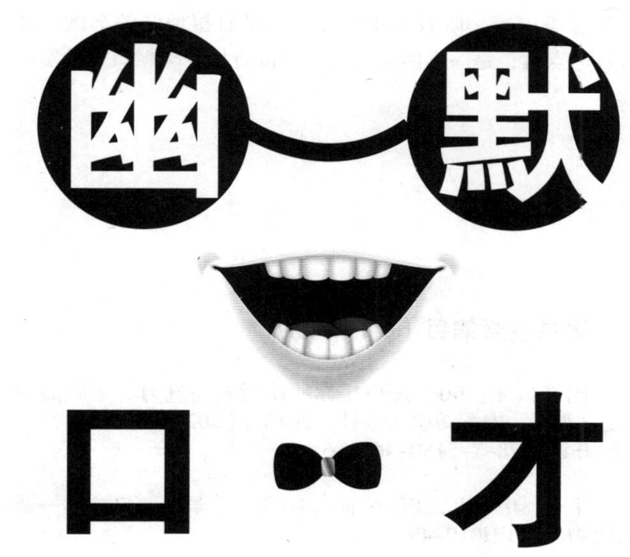

幽默口才

90个技巧让你的谈话充满魅力

王晓霞 编著

中国纺织出版社

内 容 提 要

幽默是一种智慧，说话幽默的人，无论走到哪里，都会受人欢迎。本书涵盖生活幽默、职场幽默、谈判幽默、社交幽默、管理幽默、演讲幽默、家庭幽默、恋爱幽默以及幽默禁忌等内容，既有实用的理论，又有接地气的案例，还有技巧点拨，是一本能够有效帮助读者提升幽默口才的实用读本。

图书在版编目（CIP）数据

幽默口才：90个技巧让你的谈话充满魅力／王晓霞编著. —北京：中国纺织出版社，2018.6（2024.7 重印）
ISBN 978-7-5180-4670-6

Ⅰ.①幽… Ⅱ.①王… Ⅲ.①幽默（美学）—口才学—通俗读物 Ⅳ.①H019-49

中国版本图书馆CIP数据核字（2018）第018068号

策划编辑：郝珊珊　　责任印制：储志伟

中国纺织出版社出版发行
地址：北京市朝阳区百子湾东里A407号楼　邮政编码：100124
销售电话：010—67004422　传真：010—87155801
http：//www.c-textilep.com
E-mail：faxing@c-textilep.com
中国纺织出版社天猫旗舰店
官方微博http：//weibo.com/2119887771
北京兰星球彩色印刷有限公司印刷　各地新华书店经销
2018年6月第1版　2024 年 7 月第 6 次印刷
开本：710×1000　1/16　印张：14.5
字数：175千字　定价：68.00元

前言 / Preface

幽默感对一个人的发展起着举足轻重的作用。谈吐幽默的人，与人交往时往往更加顺利；缺乏幽默感的人，则往往表现得不尽如人意。

漫漫人生路，如果你能拥有幽默口才，那么，你不仅能使自己快乐，也能使他人快乐，在自己走过的道路上洒下串串欢声笑语。这不仅能让你备受欢迎，而且还能在一定程度上帮助你改变自己的命运。

让自己说话富有幽默感，是时下很多人的追求。而多了解一些幽默故事与技巧，无疑是增进自己幽默口才的必经之路。古语道，读书百遍，其义自见。主动接受幽默口才的熏陶，仔细品味这些幽默故事背后的学问，琢磨并学习幽默者的思路和技法，由量变到质变，我们的“幽默细胞”就会增加，幽默技能就会增强，幽默本领就能提高，我们就能变得出口幽默、谈笑风生、受人欢迎。

幽默，是一种智慧、一种魅力，也是优质生活的重要组成部分。

幽默是一种智慧。有幽默感的人，一定不是鼠肚鸡肠、心胸狭隘之人，也非直来直去、缺乏变通之人。他们的思维更开阔、反应更敏捷、角度更独特、手法更巧妙。尴尬时，他们能下得了台；困境中，他们能笑对未来；与人初相逢，他们有着独特的亲和力；对人提意见，他们能让人茅塞顿开。他们能直话曲说，硬话软说，丑话美说，繁话简说；与他们在一起，不仅能让人开心，还能让人增长知识、增添信心。职场拼搏，他们阻力少；家庭生活，他们摩擦小，因为他们会适时化解、进退自如。他们事业顺利、生活温馨、人际和谐、心情愉快，更容易完成健康、成功、幸福的人生目标。我们甚至可以说，有无幽默感，已经是一个人生存能力高低的体现。

幽默是一种魅力。有幽默感的人，不论其职位高低、财富多寡，都一定受人欢迎。研究发现，很多中外领导人都有着出众的幽默才华，他们将卓越的政治理想和独具魅力的幽默感有机地结合在一起，高效地实现了自己的人生抱负。可以说，幽默感是当今领导人必备的修养，其随时随地散发着的魅力，如花香，似光环，非权力和金钱所能取代。即使我们岗位平凡，但如果学会了幽默，我们负重的人生行囊也会因之变得轻松些许，我们的人际关系也会更加和谐，我们会如同一块磁铁，吸引着身边的亲朋好友，与他们共享生活、共创明天。

幽默，是优质生活的重要组成部分。在我们越来越重视生活品质的今天，谁拥有了幽默，谁就能摆脱焦虑、抑郁、失眠的困扰，走上情绪饱满又挥洒自如的幸福大道。有研究显示，拥有幽默感的成年人比缺少生活乐趣者更长寿，具有幽默感的癌症患者较内心压抑者死亡率低70%。幽默感是一味不苦口的良药，男士拥有它，比同龄人更有活力；女士拥有它，在众姐妹中更靓丽。幽默感是神奇的润滑剂，拥有它，我们的生活路不再打死结，我们的事业船不再树死敌，我们的人生，将因幽默而直挂云帆济沧海。

那么，幽默感从何而来呢？

不可否认，幽默是一种禀赋，有的人天生就具有“幽默细胞”，说出的话总能让人豁然开朗、心情愉悦。但幽默作为一种本领、一种智慧，我们也完全可以经由后天的研习来增补。既然要增补、要努力，就先得弄清楚什么是真正的幽默，才能让自己的努力沿着正确的方向前进。

幽默（humor）一词，是由王国维先生最先引进，而由林语堂先生做了专门阐述。林语堂先生认为：“凡善于幽默的人，其谐趣必愈幽隐；而善于鉴赏幽默的人，其欣赏尤在于内心静默的理会，大有不可与外人道之滋味。与粗鄙的笑话不同，幽默愈幽愈默而愈妙。”可见，音译过来的幽默一词，其含义已经体现在了它的字义上：愈幽愈默，而愈妙。愈幽愈默的幽默，才是高水平的幽默，而非我们通常理解的荒唐、滑稽，也非今天一些综艺节目中刻意的，甚至是恶俗的搞笑。

因此，我们认为，幽默口才应该同时具备三个特征：有趣、发笑、意味深长。首先它有趣，能打破常规、出人意料，让人觉得好玩儿；其次在客观效果上，它能引人发出会心一笑；同时，它还值得人细细品味，如好酒一般隽永绵长。本书中引用的幽默口才故事，不管是发生在生活、职场，还是谈判桌上，不管是出自名人口中，还是由普通人妙语偶成，都具备这三个基本特征。

也许你的口才已经颇受周围人羡慕，只需瞬间你便能紧抓主题、条理分明、妙语连珠、语惊四座，而假若你的口才中还能洋溢着一些幽默的气息，那么，你的话语将会更加深入人心。在我们的生活中，或许不乏这样的情形，有些人看起来伶牙俐齿，却在浑然不觉中伤害了别人；有些人长篇大论、表达严谨，但讲话效果却难如人意。此时，正是幽默发挥效力的最佳时机。小幽默中包含着大智慧，小幽默能发挥出大力量，学会幽默，我们的口才将如虎添翼、锦上添花。

凡事皆有度，幽默也有禁区。不合适的幽默，只会适得其反，或自讨无趣，或引人反感，或惹人诟笑。我们需明白，庸俗的幽默要不得，伤人的幽默不好玩，拿别人的不足、隐私开玩笑，在给对方增加痛苦的同时，也给自己增添了烦恼。不分尺度的幽默，就变了味道；不分对象的幽默，难以发挥效果；不分时间的幽默，是节外生枝；不分场合的幽默，是把幽默用错了地方。幽默这种智慧，贵在运用得当、拿捏得体。换个地方、换了对象，就难以令人会心一笑。因此，本书中的故事，朋友们须得用心体会，如果直接照搬照用，很可能会弄巧成拙、徒增烦恼。若用心领会、得其精髓，便能挥洒自如、得心应手。

读好书，是在和智者交谈。让我们打开它，在幽默的百花园中含英咀芳，品味人类智慧，自心灵深处发出微笑。让幽默成为我们的生活方式，我们的境界将更高远，我们的胸怀将更宽阔，我们的沟通将更顺畅，我们的生活将更阳光。

在本书的策划与创作过程中，作者得到了唐华山、唐秀娟、郭东华、唐荣银、邱草、郑海龙、崔艳、郑海涛、郑茂章等人的大力支持和帮助，在此向他们深表谢意。没有他们的积极参与，本书是很难面世的。

2017年3月

编著者

Contents

目　录

第一章　幽默的人最受欢迎 ……………………………………………………001

001 幽默是一种绝妙的沟通力……………………………………………………002

002 说话幽默的人，更易于让人接近 ………………………………………003

003 随机应变，巧用幽默来解围…………………………………………………005

004 小幽默胜过大道理……………………………………………………………006

005 幽默可以让你显得更有风度…………………………………………………007

006 幽默可以增强个人影响力……………………………………………………009

007 幽默令人更具亲和力…………………………………………………………011

008 赞美他人时，不妨幽默一点…………………………………………………013

009 掌握幽默与闲谈的技巧 ………………………………………………………017

第二章　生活中的幽默口才 ……………………………………………………019

010 幽默能助人摆脱烦恼…………………………………………………………020

011 用幽默去面对生活中的摩擦…………………………………………………023

012 将计就计，巧用幽默…………………………………………………………026

013 威力无比的模仿幽默…………………………………………………………028

014 将个性融入幽默中……………………………………………………………030

015 将乐观融入幽默中……………………………………………………………032

016 自嘲是生活的调味品…………………………………………………………035

017 幽默劝导，不伤他人自尊……………………………………………………036

第三章　职场中的幽默口才……039

018 用幽默捕捉工作机会……040

019 幽默帮助同事相处融洽……042

020 用幽默来处理工作难题……043

021 幽默对待工作中的困难……045

022 幽默可以缓解工作压力……047

023 用幽默的语言向上司提意见……049

024 卖关子能唤起顾客的好奇心……052

025 幽默可以帮你赢得客户的心……054

026 不同的职业，不同的幽默……056

第四章　社交中的幽默口才……061

027 幽默是人际交往中的法宝……062

028 在自我介绍中加入幽默的成分……064

029 幽默是解围的有效手段……066

030 巧妙打破社交中的尴尬局面……068

031 顺水推舟，幽默地化解攻击……071

032 以其人之道还治其人之身的幽默技巧……073

033 学会幽默地拒绝他人……076

034 幽默是化解矛盾的良方……078

035 幽默能让你从容应对各种场合……080

第五章　家庭中的幽默口才……083

036 幽默让家庭生活更和谐……084

037 幽默是婚姻生活的润滑剂……087

038 幽默能钝化夫妻间的锋芒……089

039 巧妙设计制造幽默……095
040 用幽默来表达对亲人的不满……097
041 曲解幽默——犯错时的智囊……100
042 吵架时的幽默智慧……102
043 让孩子成为家庭幽默的主角……104
044 长辈对晚辈的幽默……106
045 晚辈对长辈的幽默……109
046 柴米油盐皆可幽默……111

第六章 恋爱中的幽默口才……115
047 幽默可以让爱情更美妙……116
048 幽默是爱情生活的守护神……119
049 幽默更容易打开对方的心扉……122
050 恋爱中的返还幽默……124
051 如何对付爱吃醋的恋人……126
052 用幽默语言拒绝别人的求爱……129
053 用幽默来处理自己所犯的错误……131

第七章 管理中的幽默口才……133
054 做一个有幽默感的领导者……134
055 幽默更易出绩效……136
056 缺陷不是耻辱，掩饰只会更糟……139
057 突破思维桎梏，实行幽默管理……141
058 幽默是安抚员工的镇静剂……143
059 幽默批评更有效……145

060 委婉地表达自己的意见……147
061 用心塑造幽默的管理品格……150
062 美国西南航空公司的幽默管理……152

第八章 谈判中的幽默口才……155

063 幽默可以淡化谈判双方的对立情绪……156
064 以幽默回击对方的无礼与攻击……158
065 移花接木的幽默谈判技巧……160
066 顾左右而言他式的幽默……161
067 善于倾听才能巧妙反驳对手……163
068 用模糊的语言来产生幽默的效果……165
069 将错就错，答非所问……168
070 声东击西，更易出奇制胜……170
071 用旁敲侧击来扭转不利局面……172

第九章 演讲中的幽默口才……175

072 幽默使演讲充满魅力……176
073 提前准备好幽默素材……178
074 幽默的开场白最能吸引人……180
075 有针对性的幽默话题更受欢迎……183
076 让幽默的故事为你的演讲增光添彩……185
077 根据演讲的类别添加幽默的因素……188
078 和主持人一起幽默配合……190
079 学会巧用触媒，做到借题发挥……192
080 表面故作呆板，制造现场幽默……194

081 一个幽默的结尾会让演讲回味无穷 …… 196

第十章 这样的幽默要不得 …… 199

082 庸俗的幽默要不得 …… 200
083 莫将幽默变讽刺 …… 202
084 幽默要符合自己的身份 …… 204
085 别拿别人的不足开玩笑 …… 206
086 别拿别人的隐私开玩笑 …… 208
087 幽默也要分场合 …… 210
088 掌握好幽默的尺度 …… 211
089 幽默要分对象 …… 214
090 幽默不能急于求成 …… 216

第一章 幽默的人最受欢迎

001 幽默是一种绝妙的沟通力

幽默可以润滑人际关系，消除紧张，减轻人生压力，使我们的生活更富有乐趣。它能让互不认识的人一见如故，如同故友；它能使我们摆脱困境，增强信心，在人生路上一路前行。总之，幽默是一种绝妙的沟通力。

有一次，林肯从郊区步行走到城里。半路上，一辆汽车从身后开来，林肯扬扬手示意汽车停下。

汽车停下后，他走上前去对司机说：“劳驾，您能不能替我把这件大衣捎到城里去呢？”

司机说：“当然可以！不过，我怎样把这件大衣交还给你呢？”

林肯微笑着说：“哦，这很简单，我打算把自己裹在这件大衣里头！”

林肯的幽默打动了这位司机，司机微笑着请林肯上了车。

一路上，两人有说有笑，很快就到了城里。

“求人难，难求人”，这是很多人在生活中总结出来的感受。林肯希望搭车进城，可是他没有直接说出自己的想法，而是转了个弯，跟对方开了个玩笑，给对方一种很亲切的感觉，很容易得到了对方的帮助。

“人贵直，文贵曲”，幽默口才就像写文章，有时也需要委婉一点。很多时候不宜把话说得太直接，而是直话曲说，硬话软说，丑话美说，把话说得幽默俏皮，让人容易接受。

有一次，著名相声表演艺术家马三立在上台表演前先是背对着观众，对此观众感到很不解。马三立慢慢转过身来，用手捂着脸，对观众说："我长得实在太丑了，怕对不起观众。"一席话，逗得大家放声大笑。

马三立通过一个小幽默拉近了与观众的距离，实现了与观众的互动。由此可见，**幽默的确是一种良好的沟通方式，可以帮助我们解决生活中的一些难题。**

002 说话幽默的人，更易于让人接近

说话幽默的人，最容易获得他人的欢迎。幽默能让你的人际交往变得更顺畅，与身边的人相处得更和谐。当你发挥幽默口才让与你交往的人捧腹大笑时，对方当然就会很乐意与你接近。

有一天，爱尔兰著名剧作家萧伯纳走在街上，突然，一个骑自行车的人冒冒失失地把他撞倒在地。值得庆幸的是，萧伯纳并没有受伤。萧伯纳爬起来，拍拍身上的尘土。

那个撞他的冒失鬼在一旁不知所措地连声道歉："今天真是幸运，幸亏没有把您撞伤。"

萧伯纳却笑着对他说："今天你真是不幸，要是你把我撞死了，你就可以名扬四海了。"

就是这么一句幽默的话，使萧伯纳和那个撞他的人从紧张的不愉快关系中解放出来，不但给撞他的人留下了深刻的印象，同时还给人以友爱和宽容的感受，让人不自觉地想接近他。这正是萧伯纳广受世人欢迎的原因之一。

张大千是我国著名的国画大师，他与京剧艺术大师梅兰芳是至交。在一次宴会上，张大千向梅兰芳敬酒："我敬您一杯，先生是君子，我是小人啊。"

众人听后，不禁都愣住了，梅兰芳也不解其意，迷惑地望着张大千。张大千不慌不忙地解释说："君子动口，小人动手啊，难道不是吗？"

众人不由得佩服张大千的机智诙谐，满堂欢呼，梅兰芳更是佩服张大千一语双关的妙用，把酒一饮而尽。

说话幽默的人，走到哪里都会受人欢迎，让人愿意主动与之接近。**幽默不仅能给大家带来欢乐和笑声，而且还能使人产生被重视的感觉。**

美国演说家特鲁曾说："幽默是一种能力，幽默力量是一种艺术，一种运用幽默和幽默感来增进你与他人的关系，并让人对你做真诚评价的艺术。"

特鲁还表示："在我的演讲中，我一直努力尝试把每一个听众都变成一个好听众，而且我发现，大多数人都宁可被开玩笑也不愿意被忽视，每一个人都不愿意遭到排斥，对于他们来说，最大的侮辱莫过于忽视。"

特鲁的话道出了这样一个真理：相互关注、相互尊重是人与人交往中最重要的一点。**只要是善意的幽默，就会让人喜欢接近你，让你在人际交往中广受欢迎。**

003 随机应变，巧用幽默来解围

幽默是一种奇妙的语言，它能够巧妙地化解很多尴尬，把人们带入愉悦的氛围之中。

有一个叫莫非的诗人，受邀来到北京某大学中文系作家班举办学术讲座。他准备朗诵一段自己的作品，但诗稿放在一个学员的课桌上，他便走下讲台去拿。教室是阶梯式的，当他上台阶时，一不小心摔倒在台阶上，很多学员不禁笑出了声。

莫非稳住身子，站起来面向学员，手指台阶说："你们看，上一个台阶多么不易，生活是这样，做诗亦如此。"台下顿时响起了热烈的掌声。

他笑了笑，说："一次不成功不要紧，再努力就是了！"说着，他装作十分用力的样子走上讲台，继续自己的讲座。

当你遭遇窘境时，该怎样利用幽默给自己解围呢？

1.运用"趣味思维"方式

这里所说的"趣味思维"是一种反常的"错位思维"，也就是不按正常的思路想问题，而是"岔"到有趣的方面去捕捉事件中的喜剧因素。

比如，美国著名演说家罗伯特是个光头，有人嘲笑他出门老忘戴帽子，罗伯特却说："你们是不知道光头的好处，我可是第一个知道下雨的人。"罗伯特不但没有避讳自己的"秃顶"，反而赞美了光头，这就是在自己身上找到了"喜剧因素"。他的"错位思维"令他所想的与别人不一样，于是幽默便产生了。

2.在瞬息构思上下功夫

运用幽默解围是一种"快语艺术"，它需要的是灵光一闪的智慧。你一定要

做到想得快、说得快，触景即发，既出人意料，又在情理之中。

比如，一位将军问一名士兵：“贝多芬是哪国人？”士兵回答：“是英国人吧。”这位将军煞有介事地说：“哦，原来马克思有时也是会搬家的。”士兵对这个常识性问题都回答错误，令将军不悦，将军则用他幽默的语言对士兵进行了善意的批评，化解了尴尬。

004 小幽默胜过大道理

每个人都喜欢抱怨，这时如果我们对其讲大道理，不但不能帮助对方调整心绪，还有可能使对方更加烦躁。因为大道理具有说教性，往往让人望而生畏。这时，如果我们给对方幽上一默，结果可能会更好。

比如，每个做父母的都担负着教育子女的义务，父母们会给孩子们讲很多做人做事的道理，但往往效果甚微。其实，教育孩子话不在多，有时，一个小小的幽默就能使孩子受益一生。

一个孩子天真好奇地问妈妈：“人为什么有两只眼睛、两只耳朵、两只手、两只脚，但舌头只有一个呢？”

妈妈想了想，认真地回答道：“因为人要多看、多听、多做、多走，却要少说啊。”

对于孩子提出的问题，妈妈并没有直接回答，而是巧妙地让他明白了一些为人处世的道理。这位妈妈机智幽默的应答，比生硬地向孩子灌输一些大道理更容易被接受。

一个人患了急性盲肠炎，不得不住进医院，医生打算给他做切除盲肠的手术。这个人讳疾忌医，所以他顽固地反对手术。他理直气壮地对医生说："既然上帝把盲肠放进了人的肚子里，那一定是有理由的。切除盲肠的手术我不做。"

医生耐心地对这名患者说："当然。但上帝给你盲肠，就是要我能把它拿出来啊。"

这名患者听后，欣然接受了手术。

面对顽固的患者，如果采用恶劣的态度，不但解决不了问题，还可能会加剧患者的抗拒心理，不利于手术的实施。上面这名聪明的医生则顺着患者的意思，给了患者一个意想不到的答案，最后患者只能乖乖接受手术。

看来，在很多时候，一个小幽默的确能够胜过大道理。

005 幽默可以让你显得更有风度

对于展现一个人的风度而言，语言是一面很重要的镜子。在与人交际时，如果能做到谈吐幽默风趣，就能为个人形象加分，从而让你更容易交到朋友，并增进人际关系的和谐。

生活中，话语中带些幽默感能够让朴实无华的表达更富变化，并给人带来一份惊喜，使听者在交谈时感觉到自己的良好风度，从而产生交友的愿望。幽默，既能够锦上添花，也能雪中送炭。

李雪健因为扮演焦裕禄，同时获得了中国第八届电影金鹰奖以及《大众电影》

第十四届百花奖最佳男主角。在颁奖仪式上，他面对现场观众说："苦与累都让一个好人焦裕禄受了，名与利都让一个傻子李雪健得了。"这风趣并有内涵的话语立刻博得如雷的掌声。

李雪健独具匠心的致谢辞体现了他的良好素质以及谦逊的品格。他并没有像别人那样来一通感谢导演或家人之类的感言，而是用幽默的言辞揭示了演员和角色的对应关系，同时表达了自己最真实的感受，获得观众们的共鸣，从而博得大家的喝彩与尊敬。

通常，那些有风度的人可以较好地克制个人的情绪波动，从而保持自己的仪态，显得落落大方。在生活中，只要我们多注意，就能发现不少有风度的人物，在这些人身上散发着一种独特的魅力。即便是在一些很小的场合，这些人也能够充分地展示出他们的良好素养。

美国人大都非常幽默。有一位美国顾客在喝咖啡时看到杯子里有一只苍蝇，于是他喊来服务生，和颜悦色地对服务生说："你好，尽管我认为在颜色单调的咖啡里加一些点缀是个不错的主意，不过你应该把苍蝇和咖啡分开来放，这样可以让那些喜欢的人自己添加。你觉得这个主意如何？"服务生立刻愧疚地连连道歉。

这位美国人并没直接数落教训服务员，而是用幽默的言语委婉地批评了对方，这样的方式柔中带刚，既能让对方易于接受，也不会损害自身的形象。这种幽默智慧的确令人叹服。

在正式场合，就更应该注意自己的风度了，特别是那些公众人物，因为自身形象的好坏对公众影响巨大。无论是面对多么不利的境地，公众人物都应权衡利弊，尽可能地创造一个轻松的谈话环境，缓和紧张情绪，从而保持轻松平和的心态与风度。

布什总统有一年曾到某个国家出席一次新闻发布会，当他正在台上演讲时，居然有一位记者向台上的他投掷了两只皮鞋，以表达自己对美国人的极端愤怒和厌恶。

经过短暂的惊愕，布什总统很快恢复平静，并且很幽默地开口说道："我能告诉大家的就是，这鞋子是10码的！"

在如此境遇之下，布什总统表现出来的良好风度，是非常值得我们赞赏的。假如他因为此事发狂，只会成为各国媒体的笑话，但他用幽默机智的话语，不但消融了此次风波，更展现了自己作为一个国家领导人的良好风度和优秀素养。

很多名人都懂得如何在日常生活中运用幽默口才，特别是在自己遭遇尴尬或灰心失意的时候，既帮助自己恢复快乐的心情，又体现了良好的个人风度。

006 幽默可以增强个人影响力

在这个世界上，还有什么比笑声更能感染人呢？一个人只要掌握了令他人欢乐的方法，就更容易获得大家的接受与肯定，从而成为一个社交场上有影响力的人。

拿破仑·希尔被称为"百万富翁的创造者"，他曾经说过："假如你很幽默，那么你就容易影响周围的人，使他们总是喜欢你；假如你是个悲愤的人，即便在你身边充满了欢乐的海洋，你也会视而不见。"

当今社会，人们因为忙碌而劳累，都愿意和可以给自己带来快乐的人待在一起，谁能给别人带来欢笑，谁就是最受人欢迎的人，并且会成为最有影响力的人。

林肯总统曾经举办过一场令人印象深刻的演讲。那场演讲有一小段时间可以自由提问，听众们把想问的问题写在纸条上传递给林肯，他再当众回答。林肯回答得一直都很顺利，直到最后一张纸条，因为那张纸条上面竟然只有两个字：傻瓜。

林肯稍微顿了一下，最终还是微笑着把这两个字读了出来。在场众人立刻议论纷纷，不知道素以亲民著称的林肯将如何收场。林肯不慌不忙地说："我收到过不少匿名信，那些都只有正文没有署名；但今天恰恰相反，这张纸条上居然只有署名，而没有正文！"

就这样，林肯在面对挑衅时，仅仅用一个小小的反讽幽默就展现了自己的机智与从容。同时，他的幽默也给大家带来了快乐，自然就更容易赢得大家的喜爱与认同。观众们先是肯定林肯的演讲，接下来是肯定林肯本人，最终被林肯独特的魅力所感染，这就是幽默为林肯增加的影响力。

无独有偶，美国第40任总统里根也很善于用幽默来摆脱困境。

有一次，里根总统在加拿大的某座城市发表演说，却遇到一群示威的人不时打断他的演说，他们有强烈的反美情绪。

这种无礼的举动让加拿大的总理皮埃尔·特鲁多感到很尴尬，因为毕竟里根是作为客人应邀到加拿大访问的。

在这种情形之下，里根反而笑着对特鲁多说："这种事情在美国是经常发生的。我猜这些人一定是特地从美国跑来贵国的，或许他们想让我感到宾至如归。"这番话让尴尬的特鲁多也忍不住笑了起来。

自己的演讲遭到搅局，一般人的表现会是尴尬窘迫或者恼恨，可是里根总统用幽默的力量化解了这份尴尬，并且以豁达的心胸帮加拿大总理解围。显而易见，里根是富有智慧的，他懂得利用幽默调节气氛，在笑声中化敌为友。实际上，美国民众之所以一直追捧里根，在很大程度上也是因为里根的幽默和乐观。

幽默不但能让自己获得别人的尊敬与爱戴，也是展现自己亲和力的有力武器。

美国另一位总统福特平时说话爱用双关语。他有一次这样回答记者提问：“我是一辆福特，不是林肯。”

大家都知道，林肯曾经是美国总统，但“林肯”同时也是一种高级轿车的品牌名，而福特则是当时便宜且大众化的汽车。福特这样说，既表示了自己的谦虚，又暗示自己是大众喜欢的总统，巧妙地夸赞了自己。

这就是幽默，把人最为闪耀的一面展现出来。**乐观与幽默是建立良好人际关系的催化剂，大家更愿意接受、肯定以及追捧能带给别人快乐的人。谁能学会幽默，谁就能成为社交明星，谁就更有影响力。**

007 幽默令人更具亲和力

一个人具备幽默的谈吐，就能更好地表达自己的友善态度，令谈话对象的拘谨心情得到放松，缓和紧张沉闷的气氛，让对方觉得自己和蔼可亲，有助于塑造良好的自身形象。这就是幽默具有的亲和力。

亲和力是人际交往的黏合剂，这一点在上下级关系中尤其重要。作为上级，若能拥有亲和力，便可用自己的幽默感染下属，从而赢得下属的尊敬与信任。

其中，自嘲是一种常用的拉近彼此距离的方法。生活中，有些人担心自嘲会降低自己的威信，这种想法其实多虑了，自嘲若能做到放松自然，不仅能展现一个人的宽广胸襟，还能让自己看上去更加和蔼可亲。

肯尼迪就很善于用幽默表现自己的亲和力。他曾在1962年与夫人杰奎琳一起访问法国。在法国，肯尼迪夫妇多次被要求介绍自己，并发表对法国之行的看法。

当肯尼迪在夏乐宫再次被问到类似问题时，他没再用官方的答案，而是笑着说："本人是一位陪同杰奎琳·肯尼迪来到巴黎的男士，为此，我感到十分荣幸。"

对政界人物而言，介绍自己既是一件简单的事情，同时也是一件极不简单的事情。假如总是依照惯例来介绍自己，就会让人觉得他在应付；假如对自己说得太多，就又让人觉得十分张扬。然而肯尼迪巧妙地把自己放在陪同妻子的丈夫身份上，既体现了尊重妻子和女性的绅士风度，又显露了自己的亲和力。肯尼迪的这番言语在崇尚浪漫的法国自然博得了国民的称赞，并因此奠定了肯尼迪在法国人民心中的亲切以及优雅的形象。

想让自己在别人眼中看上去和蔼可亲并非易事，这需要对别人有极大的宽容才能做到。对一些管理者来说，这一点就更难做到了，特别是面对一些桀骜不驯的下属时。如果真遇到此种情况，聪明的上司都不会强行让下属就范，而是用自己豁达的胸怀和幽默得体的方式令下属服从。

杜鲁门总统有一次会见麦克阿瑟将军。这个麦克阿瑟自恃战功，显得非常傲慢，他毫无顾忌地拿出烟斗，并装上烟丝，在准备点燃烟丝的时候，才问总统："你不介意我抽烟吧？"

显而易见，麦克阿瑟并非真心征求杜鲁门的意见，假如杜鲁门阻止他，就会显得粗鲁，因此杜鲁门只是瞥了一眼麦克阿瑟，说："抽吧，将军，别人喷到我脸上的烟雾，比喷在任何一个美国人脸上的都多。"

杜鲁门这句话绵里藏针，既委婉地指出了麦克阿瑟的无礼举动，也没有损伤自己的风度和威严。而麦克阿瑟就感到很难堪了，从此收敛了很多，不再那么傲慢。

但是我们必须注意，这种幽默方式只适合用于上级对下级的言语中。反之，就有可能让上级觉得下级想与自己平起平坐，甚至是看不起自己，那就适得其反了。

008 赞美他人时，不妨幽默一点

假如说赞美就像是春季的天空，那么适当的幽默就如同空中飘飞的风筝，添了几分生机；假如说赞美像清澈的泉水，那么适当的幽默就如同在水中嬉戏的游鱼，添了几分灵动；假如说赞美是一份真诚的礼物，那么适当的幽默就如同外包装上美丽的蝴蝶结，恰如其分地表达着美丽与温馨。

作曲家海顿有一位法国作家朋友，这位作家曾这样赞美他早期的弦乐四重奏。

第一小提琴像一位健谈的中年人，不断找话题来维持谈话。

第二小提琴则是第一小提琴的朋友，他总在强调第一小提琴话中的机智，却很少表达自己。就像参加谈话时，他只支持别人的意见，而从不提出自己的意见。

而大提琴却是一位庄重的老者，很有学问却爱讲道理，他的论断简单却中肯，总在支持第一小提琴的意见。

说起中提琴，就是一位善良却有些饶舌的妇人，她讲不出什么重要意见，却经常与人拌嘴。

身为作家，当然他的语言表达能力是普通人难以企及的，这位作家并没有直接夸弦乐四重奏怎么好听、怎么优美，而是幽默地把四重奏拟为四个人的谈话，生动形象，不仅使人明白了四重奏的特点，而且用文学化的语言称赞了海顿的音乐水平。这样的赞美就像赠送礼物时美丽的包装，并没有实际意义，却能让受礼者更加开心。

愿意听到别人赞美自己是人的天性。一个人若受到赞美，就会由衷地感到高兴并对赞美者产生好感。所以真诚的赞美可以缓和并增进双方的关系，拉近彼此的距离。然而，要想把赞美运用得得心应手，还应学会一些技巧，从而让自己的言辞更能让人接受。

拿破仑很反感别人跟他说奉承话，有一位士兵却聪明地说出了自己的“奉承”话，并且让拿破仑开心地接受。士兵是这样说的：“将军，您居功至伟却最不喜欢奉承话，您真是值得我们学习的人。”拿破仑听了感到很高兴，而没有感到这是奉承。

这个士兵之所以能够成功赞美拿破仑，原因就是他很熟悉拿破仑的脾气秉性，深知其讨厌奉承话。士兵紧紧抓住了拿破仑的不喜奉承这一优点来赞美，自然就让对方高兴地接受了。

谁都喜欢被赞美和夸奖。赞美就像微风雨露，能够在乍暖还寒时催开真诚的花朵。如果在赞美时能适当添加幽默元素，会令对方在接受自己的夸奖和赞美时，还能感受到温暖和真诚，会给人生增添一丝甘甜。

幽默还能帮人们排忧解难。任何人在现实生活中都会经历各种坎坷、磨难或者尴尬。假如人们面对这些不顺时，能报以幽默潇洒的态度，就能不断地积累经验教训并坚守自信，逐步迈向成功的目标。反之，如果沉沦于失败中，则有可能逐渐失去一切。

生活中，人们常常感到困难无处不在，会在出其不意时撞上，让人不堪其扰。它就像是在与人玩捉迷藏，大家总会尽力躲避它，却不知什么时候就会被它找到。**如果一个人在不经意间遭遇挫折时太过焦虑或痛苦，只会让自己的处境更为尴尬；相反，假如一个人能镇定地思考与分析，并采用幽默的方法去面对当时的形势，则有可能获得意想不到的结局。**

但丁有一次在参加教堂礼拜时，由于陷入沉思之中，竟然在举起圣餐时没有跪下，几个对他怀有敌意的人看到了这个小小错误，便立刻去跟主教告状，诬蔑但丁有意亵渎神圣，要求对他进行严惩。当时正处于中世纪，宗教占据无上的统治地位，这个罪名不是小事，因此主教很重视此事。

于是但丁被带去见主教，知道了一切指控以后，但丁为自己辩解说："主教大人，我认为他们这是诬蔑。那些指控我的人假如像我一样，把眼睛与心灵都朝向上帝，那么他们就不可能东张西望了。可见在整个仪式中，这些人并不专心。"主教听完后笑了，他认为但丁说得很对，非但没有对但丁采取惩罚措施，还夸奖了但丁一番。

但丁巧妙运用了幽默，不但争得主教的欢心，并且借势打击敌人，从而摆脱困境。

除了化解危难，幽默还能帮人们化解难题。特别是当人们面对无法改变的现实时，幽默地看待这一切能让人放平心态，从而渡过难关。

刚刚入伍的杰克在抽签决定兵种时，正好抽到了海军陆战队，这是他心中的下下签，他因此每天忧心忡忡。他有一位睿智的祖父，见孙子如此，便来点拨他。

祖父说："杰克啊，你为啥发愁呢？在军队还有两个机会，军队有内勤职务和外勤职务，假如你分配做内勤，也就不用担心了！”

杰克愁眉苦脸地问道：“可要是我被分配到外勤呢？”祖父笑了笑，说：“那还是会有两个机会，留在本土或者分配外土。假如你被分配在本土，也没什么好担心的啊！”

杰克又问：“可是如果分配到外土呢？”祖父摸了摸他的头说：“那还是有两个机会，留在后方，或者分配到最前线。假如你能在后方，也是比较轻松的！”

杰克忍不住问：“可如果分配到最前线呢？”祖父依然耐心地说：“那还是有两个机会，要么是站岗卫兵，将来平安退役；另一种就是遇上突发事故。假如你能平安退伍，又怕什么呢？”

杰克继续追问：“那如果遇到突发事故呢？”祖父答道：“那照样有两个机会，要么是受轻伤，就有可能送回本土；另一种则是受了重伤，可能不治而亡。假如你受了轻伤，送回国来，也没什么好担心的！”

杰克很恐惧，颤声问：“可是如果遇到后者呢？”祖父大笑起来：“如果遇上那种倒霉情况，你人都死了，更不可能担心什么了，反而轮到我要担心白发人送黑发人的痛苦，那可不是好玩的哦！”

杰克听了这番话，感觉祖父说得很有道理，自己也笑了起来，终于摆脱了当前的困境。

无须怀疑，这就是幽默的力量。人生就像在海中航行的船，总会遭遇大风大浪，我们既不能因此后退，也不能坐以待毙，只能勇往直前。幽默就是能让大家勇敢前行的润滑剂，它能帮助我们更为顺利地通过艰难险阻，最终抵达目的地。

009 掌握幽默与闲谈的技巧

能做到语言的诙谐幽默是一个人内在素质的体现，也是在人际交往中展现自己良好交际能力的平台，最重要的是能使许多尴尬场面得到缓和，许多微妙的事情得到巧妙的处理，达到你预想的目的。

有许多人在社交场合看见别人高谈阔论、谈笑风生，却无法加入，那是因为他们不懂得“闲谈”的技巧。

说到闲谈技巧，除了有丰富的话题之外，语言诙谐幽默也是一个关键。

所谓诙谐，是指滑稽有趣、令人发笑的话。诙谐幽默的谈话可以使听者发笑而放松神经，产生愉快之感，更重要的，是要让对方易于接受，感到亲切而心生好感。

然而，有时候说滑稽的话给人的感觉却不全是愉快有趣的，甚至有点“小丑”味。此时，诙谐的语言也就起不到润滑剂的作用。

所谓幽默，是指有趣或可笑而意味深长的话，这种语言能吸引人，也最能抓住对方的心。

幽默的语言是让对方去想象，它隐隐约约含着温暖的成分。如果错误地认为幽默就是让人发笑，从而做出庸俗的表现，那便不仅不是幽默，而且还会给人留下讨厌的印象，对发展友谊极为不利。

你有幽默感吗？也许你会说自己是个刻板严肃的人，但不要担心，因为幽默完全可以培养。那么，要怎样培养自己的幽默感呢？

第一，要累积幽默的素材。如果你不是能即兴幽默的人，不妨大量地看看漫画和笑话，从中体会幽默的感觉，久而久之，便可自己制造幽默，至少也可运用看来的笑话。此外，你也可以体会别人的幽默感，然后模仿一番。

第二，敞开你的心胸。就好比让阳光洒进屋子一般，去接受各种不同的人和事物，这些人和事物会在你的心中留下痕迹，成为幽默感的酵母。

第三，保持愉快的心情。这是幽默感的“土壤”，如果你心情沉郁，老是想一些不快乐的事情，怎能制造出幽默呢？

第四，经常自我调侃，与自己幽默。幽默大部分都和人有关系，有时你与他人幽默，但这种幽默不好把握，因此不如与自己幽默，一方面不得罪人，另一方面也可让人了解你是个心胸广大、易于相处的人。不过有一点必须注意，发挥你的幽默感时，必须看场合和对象，最好避免粗俗的幽默，否则就不是幽默，而是闹笑话了。

此外，还要具备认真学习诙谐幽默的语言和技巧、抓住听者的心理和合适的时机、说话之前不可丧失信心、说话时使用容易被人了解的简洁幽默的语言等几个条件。

若能做到以上这些，心中必然宽畅，语言也就自然诙谐；否则，心底闭塞，话语就难免死板，甚至带有攻击性，自然也就无法实现交际的成功，当然也就不可能达到自己想要达到的目的。

幽默可以让人心情放松，以愉快开朗的心态去应付复杂的人生。但是，讲述幽默笑话时，也必须注意到时机、场合和听众，因为不是所有的幽默笑话都适合在各种场合讲给所有人听，它可以使人欢笑，但若使用不当，也会使人不悦。

因此，一个“幽默高手”在讲述笑语时，应顾及听者的心情与尊严，避免过度的讥笑与嘲弄，否则自以为幽默的笑话，一不小心擦枪走火，反而会冒犯他人，得不偿失。

第二章

生活中的幽默口才

010 幽默能助人摆脱烦恼

每个人都渴望生活中充满乐趣。也许在无意中，一个笑话就能改变一个人的生活，一个幽默故事就可以化解人们的烦恼，引领人们走进一片崭新的天地，甚至让人有一种柳暗花明又一村的感觉。

在面对不如意之事时，很多人常常不自觉地自我反思，乃至自责，导致心理失衡，或郁闷不乐，或一肚子牢骚，或发雷霆之怒。假如人们把这种焦躁的情绪带到生活中，周围的一切就会被搞得一团糟。

好在幽默是烦恼的克星，它能改变人们灰色郁闷的心境，帮助人们找回兴致、激情与自信，从而恢复心情和精神。

幽默具有这种调节的力量，它能帮助人们在领悟失意的真谛后，营造新的气氛，并维持宝贵的心理平衡。

面对生活中的各种不如意，我们不妨换一个角度来看。就像英国著名作家威廉·萨克雷所说的那样，“生活是一面镜子，如果你对它笑，它也会对你笑；如果你对它哭，它也会对你哭”。所以，克服烦恼的最好办法就是甩掉心理包袱，轻装上阵。

美国有一个传奇式的篮球教练佩迈尔，他带领的迪鲍尔大学篮球队曾经蝉联39次冠军，却遭遇一次史无前例的惨败。那时记者们纷纷问他的感想。佩迈尔微笑着说："真是好极了，我们现在能够轻装上阵，全力以赴地去夺取冠军，因为我们背上再也没有包袱了。"

在比赛中失败原本是一件很沮丧的事，但是对于乐观向上的人来说，失败不过是迈向成功的一块垫脚石。佩迈尔教练的话蕴含了豁达的幽默以及哲学的智慧。他的哲学素养令他看到事物的另一面，他在冠军的荣誉中看到了包袱，在丢掉冠军时看到了一种从零开始的契机。他的幽默不但帮助他和队员减轻压力，而且还有指导实践的意义。

对于很多人来说，也许他们能够豁达地看待一时的比赛失利，但若让他们去面对有可能影响自己一生的身体残疾时，那就不一样了。他们会悲观失望，会痛苦万分，会自暴自弃。毕竟，这需要极大的勇气和乐观精神。

爱迪生小时候在火车上被管理员打了一记恶狠狠的耳光，这造成了爱迪生日后的耳聋。然而这位伟大的科学家用幽默的口吻说："耳聋让我杜绝和外界无聊的谈话，能更加专心地工作。"

生理上的伤残，给人带来了极度的痛苦，并无乐趣可言。然而有志、有识之士却能豁达面对。他们的幽默与乐观开拓了自己的心胸，并让他们在痛苦中寻找到了快乐和幸福。

科学研究表明，烦恼会对人产生非常大的危害，轻则令人精神萎靡、情绪忧郁、浑身无力，重则令人患上各式疾病。所以我们应该警惕烦恼，一旦遇到不快，就应努力消除烦恼。在消除烦恼的种种方法中，幽默无疑是最有效且最实际的武器。

有一次，俄国著名作家赫尔岑去参加某宴会，但他十分厌烦宴会上那些轻佻的音乐，却因身为贵宾，不好随意离席，感到苦恼，只好用手捂住耳朵。这场景恰恰被宴会的主人看到了，主人就对他说："宴席上演奏的都是流行乐曲。"赫尔岑不由得反问他："流行的乐曲就一定是高尚的吗？"主人十分吃惊："不高尚的东西如何能流行呢？"赫尔岑一乐："如此说来，那流行性感冒也很高尚了！"

当听到让人厌倦的轻浮音乐，赫尔岑并没有直接反对或抗拒，这样不但显得自己没有修养，而且也会让宴会的主人感到尴尬。他聪明地使用了幽默这一方法，把轻佻的音乐比喻成流行性感冒，间接表达了自己的不满情绪，也减轻了自己的烦恼。

在现实生活中，我们总会面对各种各样的人际关系。日子久了，自然就会对这种应酬产生厌倦，但往往找不到合适的理由拒绝，这实在令人烦恼。

英国著名诗人罗伯特·勃朗宁有很大的"诗瘾"，他一旦沉浸到创作中就会忘记周围的事，且从不厌倦。他有一个特点，就是非常憎恶各种无聊的应酬与闲扯。在参加某次社交聚会时，有位先生就勃朗宁的作品向他提了一些问题，但勃朗宁在这些问题中既看不出它们有什么价值，也始终没弄明白此人究竟有什么用意，他有些不耐烦，打算不再浪费时间。于是，他彬彬有礼地对那人说："请原谅，先生，我独占了你太多时间。"那人先是愣了一会儿，就笑着离开了。

勃朗宁利用幽默的言辞打断了那位不知趣先生的无聊问话，却获得了对方的谅解。假如他换用直接拒绝的方式，很可能就会引起对方的不满。勃朗宁用幽默含蓄并成功地杜绝了烦恼，真是值得称赞。

平日里，有些人经常会吃很多人情亏，有不少人为了面子，或本着不伤和气的原则，大都不好意思直接拒绝，只好哑巴吃黄连。如果你也遇到此种境况，其实只要在谈话中巧妙地运用幽默，就能轻而易举地解决这些问题。

生活中绝不可能没有困难。我们有可能在窘境中挣扎，也有可能由于失意而蹉跎，甚至有可能被突然袭来的风浪击垮。这时只有来源于自身的乐观、勇敢、

信心以及智慧，才是唯一可靠的支柱。幽默乐观的心态就类似于一种缓冲机制，它与失望、对抗、悲观无缘；它也近似一种默契的形式，让人用宽容和发展的眼光来看待问题。幽默和乐观其实就是让我们变换一下看问题的角度，来对待生活中的困难和挫折，这样才能在人生的道路上勇敢前行。

011 用幽默去面对生活中的摩擦

人生在世，遇到纠葛与矛盾是在所难免的，关键是我们如何去面对和处理这些问题。愚者常常是剑拔弩张，把战火蔓延到各个角落；而智者往往坦然处之，展颜之间消宿怨。

现代社会节奏快，工作强度高，生活压力大，再加上各种利益的纠缠，矛盾和冲突日益增多。日常生活中，大小摩擦更是不断。怎样才能松弛紧张情绪，避免争执，让自己摆脱各种人际摩擦，这正是现代人急需考虑的。对那些善于运用幽默的人来说，这并非难事，轻松就可应对。

两辆汽车在狭窄的街道中相遇了，车子都被迫停了下来，可是两个司机谁也没打算给对方让道，形成对峙局面。这时其中一人拿出一本厚厚的小说读了起来，另一个人见此情景，伸出脑袋高声喊道："喂，兄弟，你看完后别忘记借我看看啊！"

此话一出，便逗得看书的司机哈哈大笑，竟然主动倒车让路。而另一个司机在车通过后主动和让路的司机交换了名片，以后还真向他借书看。原来两人的家离得也没多远，渐渐地两人就成了不错的朋友。

正是幽默的调侃降低了矛盾的热度，还让双方增加了亲切感，所以一方主动让步，而另一方也积极配合，消除了矛盾和困窘。

生活中，与陌生人发生冲突常常难免，假如我们自己能做得大度些，再多一点诙谐，矛盾就有可能变成友谊。

人们经常会遇到一些难以解决的问题，若强行解决说不定会两败俱伤，若能用幽默的方法来解决，难题常常就会迎刃而解。

公交车上，一个醉汉大喊大叫地纠缠着一个十几岁的小姑娘，人们对此熟视无睹。

这时，车要到站了，车厢的尽头有个中年男子一边向醉汉走过去，一边喊：“你好，好久不见了！你都把我忘了吧？”

醉汉一看，对这个陌生男子的亲切招呼感到诧异。

“真是贵人多忘事，是我！怎么忘了？”

“你，你是谁？”醉汉迟疑着说。

“你现在在哪儿住呢？我下站就下车，你在哪儿下呀？”

“终点站！”

“下站一起下吧，谈谈分手后的情况，咱们见个面也不容易。”

这时车门开了，这位男子向小姑娘挤挤眼，说着就把醉汉拉下了车。

“喂！到站了，走吧！啊，小姐，对不起呀！”

小姑娘长出了一口气。

车刚要开，那个男人叫道：“不好，我的东西掉车上了！”说着又跳上了车。

车门关了，车继续向前驶去，男子向醉汉挥挥手说：“再见，祝你身体健康！”

乘客们这才回过神来，车厢里响起欢快的掌声。

这位中年男子利用醉汉神志不清，以所谓朋友迷惑对方，求得亲近，这样钝化了攻击性，最后达到目的，让醉汉自觉跟自己下车。他的脱身之计更妙，他没有一下车马上严肃起来，直接攻击对方，而是让对方在明白中计的同时，又有一种知错的心理反应。如果他以硬性力量强制醉汉，只是给人一种泄愤的快感，其结果也许很糟，自己下不了台，也许会爆发一场大的冲突。

在人生旅途中，我们随时都有可能与他人发生冲突，如果在社会准则的约束下，按常理处理，定会有得有失，甚至失大于得。但如果你能宽容豁达点，机智地运用幽默，即使不改变你的攻击性，也能在幽默中使攻击得到钝化，避免弄僵人际关系。

马克·吐温在1895年的夏天，和朋友比杰尔夫人关于有没有灵魂的问题发生了激烈的争辩。他们谁也无法说服对方。于是比杰尔夫人便讥讽地说：“我的朋友，假如过了一百万年之后，我们又在天堂上相遇了，你是不是愿意承认自己的错误呢？”马克·吐温看到比杰尔夫人已经生气了，就没有继续争论下去。

到了第二天，马克·吐温让人给比杰尔夫人送去了三块小石头，这些石头上刻着他新写的诗句，它们是：“假如过了一百万年，事情证明你正确，而我不对，那我就会公开地，并且坦率勇敢地对着你那可爱的、带着嘲笑的小脸，承认我的错误。”“假如竟是我对，那我多么遗憾，因为你我已不能对证。”“啊！耐性非凡的石头，你既已待了好几百万年了，那就带着这封信再待上一百万年好了。”比杰尔夫人收到这三块石头，被马克·吐温的幽默打动了，以前的不快一扫而光。就这样，关于灵魂的辩论就此打住，而比杰尔夫人和马克·吐温仍是一对好朋友。

即便是好朋友，彼此也难免有观念不一致的时候。马克·吐温的做法非常值得人们借鉴，在化解朋友间的争执时可以称得上是一剂良药。

可见，幽默能给人带来友情。**幽默能让自己变得更加乐观与豁达，当面对摩擦和矛盾时，可以用幽默去应对、化解，让自己的人际关系更为和谐、友善。**

012 将计就计，巧用幽默

突如其来的灵感，一语点破天机的思维转向，以及天马行空般的想象力，都会让人由衷地欢笑。想要学习幽默的艺术，就要能掌握“转危为安”的方法，也就是与他人交谈时转变局势的能力，这是最为关键的地方。

通常那不经意的回眸一瞥才最动人，出人意料的惊喜才最令人陶醉，突发的幽默最难得。**倘若说幽默无处不在，那是由于生活无处不在。**只要存在对话与场景，会运用幽默的人就有“平地起高楼”的本事。

杰克在晚上接到一个电话，他很快就听出对方是一名电话推销员。对方说：“晚上好，我想与珍妮说话。”

杰克回答：“哦，抱歉，她还是个婴儿。”

对方赶忙说：“没关系，那我以后再打。”

杰克说珍妮是个婴儿，当然只是借口，因为他不希望被这个推销电话占用时间。而那位有经验的推销员也很明白这一点，而且他也不能跟顾客较真珍妮是否是婴儿，于是这位推销员巧妙地沿着顾客的思路做出回答，既然珍妮还是婴儿，那我等她长大了再打。这随机应变的幽默不但有礼貌地结束了对话，还为日后再次电话推销找到了借口。

下面这个故事也非常有趣。

有三位零售商在同一条商业街上租了相邻的店铺，并互相争抢生意。右边的店铺老板树了一些巨大的招牌，标着“大减价、最便宜”，而左边的商店紧跟着挂出更大更多的招牌，嚷着“大削价”，等等。

那位中间的老板却只在自己的店门口挂了一个招牌，上面简单清楚地写着“入口处”。

那位中间的老板的举动，具有清醒的思维，他知道自己的目标是什么，并能巧妙利用对手的基础，将计就计设计了自己的幽默蓝图，而且在最大限度上实现了自己的目的，实在是高明之极。

这种急中生智的智慧不但对竞争者有用，当意外情况发生时它还是最优秀的“救生员”。比如一个人遇到对手的故意刁难时，或者遇到缺乏自知之明的人忍不住想讽刺对方时，又或者当众跌跤的窘迫等不利境遇时，都应该冷静思考，是否有那足以让自己重新站立的一寸之地。

在国外还流传着一个令人发笑又令人深思的幽默故事。

汤姆去找上帝：“伟大的上帝啊，您能告诉我，一千年对您来说意味着什么吗？”

上帝回答：“它只意味着一分钟。”

汤姆继续问：“那万能的上帝，一万枚金币对您来说，意味着什么？”

上帝回答：“它只意味着一枚小硬币。”

汤姆：“啊，仁慈的上帝，那就请给我一枚小硬币吧！”

上帝答应了他的要求：“好吧，可怜的人，不过你要等一分钟。”

无论是面对生活还是竞争，想赢其实很容易。因为事物都有辩证的两面性，所有思维与计策都存在漏洞，我们只要具备足够的机智，善于将计就计，终将获得最后的胜利。

013 威力无比的模仿幽默

对某些固执己见的人而言，他们的思维方式通常是死板的，假如非要与他们讲“理”，就有可能堵塞彼此的沟通；假如通过模仿对方，用他的思维方式来对付他，不仅能让对方无话可说，输得心服口服，而且也许能在无意中由于错位的思维而产生幽默的效果。

幽默的重要源泉之一就是模仿。模仿有许多类型，比如对思维方式、语言以及行为都可以进行模仿。通常情况下，造成交流障碍的重要原因就在于思维方式的不同，这往往也是产生代沟的原因所在。

在现实生活中若能巧妙运用反常规的思维方式，就会让人啼笑皆非、无法辩驳。

下面举一个例子，在这个例子中，并没有涉及交流，只是照搬了一些同义词或词意，就已经引人大笑并能够令人深思了。

弟弟：哥哥，火箭为什么飞得那么快呀？

哥哥：这简单啊，火箭飞行时，屁股上不是有一团火吗？你想谁屁股上着火了跑得不快呢？

实际上，火箭“着火”快跑是由于获得了动力，可是人被火烧时快跑则是为了逃命，两者的实质虽并不相同，然而给人的视觉印象却属于同类。这种模仿既巧妙应对了小朋友的理解能力，又富有幽默感。

当然，模仿的方法不但能对付小朋友们的无厘头思维，还能针对某些人的狡辩予以反击，照样可以让对方哑口无言。

有一位汽车驾驶员在法庭上受审，法官最后宣布：“你是酒后开车，应该判处一周监禁。”

司机为自己辩解道：“我并没有如同控告人所讲的那般喝醉了酒，我只不过稍微有些醉意而已。”

“这的确有点儿不同，”法官思考了一会儿，笑着说，“那我就判你七天监禁吧。”

显而易见，司机是想轻描淡写地描述事实，以逃脱惩罚；但这位法官明白事情本质并不因语言的表达不同而改变，于是他模仿司机的谈话方式，把“一周”换成了“七天”，同样是换汤不换药。

下面这个幽默也同样精彩。

坐在飞驰的列车上，小尼克兴奋地不时把头伸出窗外。父亲多次制止他都毫无效果，小尼克仍旧我行我素。

此时，父亲趁小尼克不备，迅速摘掉他的小军帽，藏在座位下面，说：“看，不听话，小军帽飞了吧。”小尼克害怕地把伸出窗外的头缩了回来。

父亲说：“这就对了嘛，吹声口哨，小军帽就会回来。”小尼克吹了声口哨，父亲迅速把小军帽戴在他的头上。

“哎呀，这太神奇了！”小尼克快活地说。

忽然，小家伙一把拽下父亲的礼帽，迅速扔出窗外，说道：“爸爸，现在该您吹口哨了。”

通过模仿对方而形成的幽默，最完美的地方就在于：让先发者哑口无言、自作自受。因为这游戏规则是由他自己制订的，后发者只不过是机智地模仿了他的思维模式或谈话方式，并严格遵循了游戏规则。而这种游戏通常只有一个结果，那就是先发者“赔了夫人又折兵”。这正是模仿的威力和魅力之所在。

014 将个性融入幽默中

俗话说，“师父领进门，修行在个人”，模仿与学习只是开始而非结束。若想把幽默锻造成个人品性中的一把利器，只有将幽默和个人特点融为一体，自成一家，才能所向披靡、战无不胜。

我国明末清初的戏曲家李渔曾经说：“妙在水到渠成，天机自露，我本无心说笑话，谁知笑话逼人来。”这句话说的就是幽默的最高境界——真实自然、不做作。不过要想达到这种水到渠成的效果，就需要把幽默融入个人品性之中。**假如一个人能充分消化吸收技艺性的幽默，并同时结合个人特质，形成独具匠心的个性化幽默，就可以逐步形成融合了个人特色的幽默风格。**

说起幽默，它并没有什么好或者更好之说，因为适合自己的就是最好的。

美国总统柯立芝最初的职业是律师，这让他形成了严谨的处事风格。当然，并非严肃的人就不懂得幽默，柯立芝在当选总统后，他的谨言慎行也不能遮盖他那极富讽刺色彩的幽默风格。

因为柯立芝素日沉默寡言，很多人就以能和他交谈为荣。有一次宴会上，一位夫人坐在柯立芝总统身边，她想方设法要让柯立芝和她多聊几句。她说：“柯立芝先生，我跟别人打赌，我一定可以从你嘴中引出三个以上的字眼来。”柯立芝立刻回答道：“你输了！”

还有一次，一位社交界的名媛和柯立芝并肩而坐，她在口若悬河地高谈阔论，然而柯立芝一言不发。她只好对柯立芝说：“总统先生，您过于沉默寡言了。今天，我一定要设法让您多说几句话，至少得超过两个字。”只听柯立芝总统咕哝着说：“徒劳。”

这便是柯立芝的风格，不鸣则已，一鸣惊人。他在保持自己风度的同时，还透露出潜在的幽默。

文学大师钱锺书先生也同样具有个人风格鲜明的幽默，并且其幽默经常引经据典，体现出一种独有的大智慧。他的许多幽默段子简直是神来之笔，就像小孩子般顽皮，天真自然。就以他的作品《围城》为例，风趣和幽默俯拾皆是。

书中提到："房子比职业更难找，满街是屋，可是轮不到他们住。上海仿佛希望每个新来的人都像只带壳的蜗牛，随身带着宿舍。"

当调侃方鸿渐购买假文凭时，钱锺书写道："这一张文凭，仿佛有亚当夏娃下身那片树叶的功用，可以遮羞包丑。"

钱锺书的幽默无不浸透着思想以及文学的气息，充溢着关于人性和社会的真知灼见，令读者一边大笑一边沉思。他的幽默符合他文学大师、语言大师的身份，每个字词都充满了他对人性的态度和对当时男男女女的嘲讽，这些都已成为其独特的标签，无人可以超越。

马克·吐温也是一位幽默大师，他在生活中的行为举止就如同他的小说作品中刻画的人物，在怪异中显露出幽默与讽刺。

马克·吐温日常穿着非常随意，其妻常为了他外出做客时不穿衣领、不打领带而发牢骚。有一天，马克·吐温照旧这样外出归家，妻子依然对他的服装唠叨抱怨起来。

马克·吐温实在忍不下去了，他找出一只领子和一根领带，并且认真包起来，然后派人把它们送到刚才做客的朋友家去，并附上了一张纸条。纸条上写着："在刚才拜访您的半小时中，我没有穿衣领，也没打领带。现特地送上这两样东西，请您对着它们看半个小时，然后再给我送回来。"

看得出，他是不满夫人的抱怨和唠叨，因此使用这种幽默的方法来解决问题。没准他的小说中充满幽默的根源就是他自己的生活。

在当代社会，凡事都讲究包装以及推销自己，这就需要提高自己的辨识度，并且最大限度地让自己的一切个性化。幽默也是一样，就像借来的东西最后得还回去，只有达到“一切都是我的”之境界，才能称得上真正的“幽默达人”。

015 将乐观融入幽默中

钱锺书先生曾说过这样一句话：“幽默能减少人生失意的严重性，绝不要把自己看得严重，真正的幽默是能反躬自省的。”这不仅对人生是幽默的看法，它对幽默本身也是很幽默的看法。

美国白宫新闻秘书詹姆斯·布莱狄前额曾经受过弹伤，当时他血流满面扑倒在地。很多新闻机构都公布了他死亡的消息，因为谁都以为大脑受此重创的人不可能活下来。

但是詹姆斯最终不仅活了下来，他还逐步克服了半边大脑受损导致的行动不便，可以骑马和妻子出游，并且像以往那般幽默。有一次他对采访的记者说：“幽默让我能撑下来。虽然厄运能打击我，不过它打不到幽默感的那种深度！”

幽默的实质就是面对不同环境所采取的乐观态度。一个人能拥有什么样的人生，就在于他怎么看待自己。

假如人们把事情看得过于严重，人生就会沉重不堪；反之，假如人们能轻松面对一切艰难，那么人生就会变得轻松。

是的，或许态度并不能改变事实的存在，发生在人们身上的各种不幸遭遇，并不因为看法的改变而离去。但是通过轻松、幽默的方式，却能令人摆脱困顿的束缚，并将注意力转移到好的地方，为自己和他人打开一扇新的窗户。

纽约有一处隧道塌陷，警员救了一位老者，发现恰好是自己的邻居，他知道这位老人本来就是左脚微跛的，忙问他还好吗。

老人笑答："再好不过了，因为今后我的两只脚再也不会不平衡啦！"

警员十分惊讶地问："怎么？难道你的左脚好了？"

"不是，是因为我的右脚也跛了！"

是啊，已经发生的事实不能改变，能够改变的只能是自己面对事情的看法和态度。

有一位父亲带着孩子到公园去玩，不料孩子不留神从秋千上摔了下来，于是大哭起来。父亲马上去安抚，在确定孩子没有受伤后，父亲幽默地对孩子说："来，咱们跟大家说今天的表演到此结束，请各位来宾掌声鼓励。"旁观者听了，都哈哈大笑起来。

可见幽默的力量能扭转任何局面。

飓风来了，把一个女人的房子吹垮一半，她居然化悲为喜。当她从地下室爬出来时，其他人都在哀叹"这真是一场悲剧"，她却幽默地说："反正不管怎样都得搬家，现在我什么都不用打包了！"

罗斯福当总统以前，家中曾遇窃贼，有朋友写信安慰他。然而罗斯福回信说："谢谢你的来信，我真的挺好，因为：第一，小偷只偷去我的财物，并未伤害我的生命；第二，小偷只偷走一部分东西，而不是全部；第三，最值得庆幸的是，做贼的是他，而不是我。”

学会消遣自己，无疑是人生旅途中一个很重要的课题。也许有人会问：“当遇到挫折或压力太大时又如何能笑得出来？”是的，这的确很难，但是正因为很困难，所以此时才更需要笑出来。因为，“当我们能够对自己所遭遇的不幸与挫折一笑置之，甚至有雅量自我解嘲时，就代表我们已经不再畏惧失败了”，作家凯萨琳·费丝曼这么告诉人们。

雯雯的老板脾气很坏，对下属要求也很严苛。雯雯拿了一份公文进去，却听老板怒骂道：“你写的这是什么东西，我看只有中学生的水平！”不一会儿，雯雯面带微笑出来了，她对感到惊愕的同事们解释：“看我进步多快，昨天老板才骂我是小学水平，今天我就有中学水平了。”

要想在发生坏事情时还能笑得出来，秘诀就是找到其中的好笑之处，顺藤摸瓜找出“笑点”来。

举例来说，人生常常祸不单行，旅途不顺利，被骗的经历匪夷所思，计划好的事出了意外，演出十分无聊，客户故意刁难，售货员态度粗鲁，学生笨拙，医生无能为力，飞机降落前在上空久久盘旋……啊，当事情变得更糟糕、更离谱时，往往结果就会越好笑。

是地狱，还是天堂，仿佛就只在这一念之间。

016 自嘲是生活的调味品

一个人的一生不管如何顺利，都会遭遇一些感到苦闷和压抑的事情，用幽默来应对显然是明智之举。**幽默能让人更加乐观地面对不尽如人意的现实生活。**

而制造幽默最简便、最有效的方法就是自嘲。通常把自己作为取笑的目标也是最安全的方法，因为这样做不会令别人产生不满。

基辛格在取笑某位政治同僚时曾经妙语如珠，说：“他是一个谦逊的人，他拥有许多让他谦逊的事。”假如把这句话中的“他”改成“我”，会显得更有力度。

一些名人们喜欢嘲讽自己的生理缺陷，这种方法会让他们看起来更具亲和力。

有位身材较胖的著名女演员就曾自嘲说：“我不敢穿白色游泳衣去海边游泳。因为我一去，飞临上空的美国空军一定会感到紧张，以为他们发现了某个国家。”

假如人们希望表达自己心中的不满，希望对方能知道这种不快，又不想激化矛盾，就可以使用自嘲这种方法。

有位太太家中水管严重漏水，积水流得院子里到处都是。虽然修理工总是说马上就到，但这位太太等了半天才见到他的身影。修理工懒洋洋地问女主人：“太太，现在是什么情况？”女主人回答说：“还好，在等你时，我的孩子们已学会游泳了。”

这位太太说法有些夸张，但她的幽默说法淡化了她对修理工的不满和攻击，让修理工说不出别的话来。

1991年9月19日，著名主持人杨澜在广州天河体育中心主持“金鹰”获奖文艺晚会。大概是她穿着旗袍和高跟鞋的缘故，在中途报幕退场时，她慢慢走下台来，突然“扑通”一声失足摔倒，滚了下来。

一时间观众席上嘘声四起，全场哗然。

杨澜非常尴尬，但她一跃而起，面带微笑地对观众说：“人有失足，马有漏蹄，我刚才的狮子滚绣球还不够熟练吧！看来这场演出的台阶不那么好下呢，相信台上的节目一定会很精彩。”

话一说完，观众席上便响起了雷鸣般的掌声。

生活中谁都会出错，当事实已无法改变时，我们想到的往往是弥补，而杨澜想到的却是自嘲。试想，若杨澜换成其他任何一种方式来化解尴尬，都会显得苍白无力。作为主持人，自嘲是娱乐观众；而作为个人，自我解嘲则是娱乐自己的良策。

017 幽默劝导，不伤他人自尊

现实生活中，处处都离不开劝导。劝导就像一盏明灯，让知识欠缺者增加见闻；它又如一座警钟，让濒临深渊者悬崖勒马；它又像是一服清醒剂，让偏激冲动者冷静思考；它更是一座跨越深堑的桥梁，有利于交流双方的沟通与理解。

一个胖女人非常贪吃，除了一日三餐，她还各种零食不离口，最终导致消化不良。于是她前去求医。

医生看到她肥胖的身体，就知道是怎么回事了。除了给她一些助消化的药外，医生还对她说："我送给你开胃的一剂名药吧。"

胖太太忙问是什么开胃药，医生告诉她："饥饿就是最好的开胃药。"

胖太太明白了医生的意思，会意地笑了。

这位医生用幽默的方法间接地劝告胖太太要少吃，避免了直接刺激她"胖"的话题，因而获得较好的劝导效果。

要想成功地劝导对方，除了自己掌握真理之外，还应该掌握正确巧妙的方法，如果能巧用幽默，委婉提醒对方，更能打动人心。

南唐时期，税收十分繁重，民不聊生。时逢京师大旱，烈祖便询问文武百官："外地都下雨，为何京城就不下？"于是大臣申渐高决定利用这个机会进谏，他诙谐地说："只因雨怕抽税，所以才不敢进京城。"而烈祖天性十分豁达，他听后大笑，就此决定减轻税收。

正是由于申渐高使用幽默的语言，揭示了税收过重的害处，并让烈祖在笑声中有所觉悟，人们的税收才得以减轻。

有一位爸爸，总是自视甚高，在孩子面前，从来都认为自己是对的，把权威硬压在孩子的身上。孩子想让爸爸意识到这个问题，但又怕伤爸爸的自尊，就采用了如下方法。

儿子问："爸爸，是不是大人总比孩子知道得多？"

爸爸答："那还用说！"

儿子又问："那么，电灯是谁发明的？"

爸爸答："爱迪生呀！"

儿子最后问："那爱迪生的爸爸怎么不发明电灯？"

爸爸顿时哑口无言。

幽默地劝导他人，就要尽可能顺着对方的意思说，让对方感到劝导者是他的同盟，从而乐意听从劝说，并接受劝导一方的观点，这样劝导成功的可能性才会更大。

第三章 职场中的幽默口才

018 用幽默捕捉工作机会

幽默能体现人的气质和修养，让人达到一个全新的境界。**一个人若能经常用幽默的方法来表达观点，不但可以尽情展示自己的形象，还能在无形中增强人际沟通的效能，也更容易赢得别人的好感。**

在面试中巧妙运用幽默有助于求职者展示最佳自我，这要比准备一沓厚厚的简历更能打动面试官。

在美国纽约，一个年轻人到一家公司求职。

经理说："对不起，应聘的名额已经满了，要到我们单位的人有太多，他们的名字我根本登记不完。"

这个求职者听完后，马上喜形于色地说："太好了！太好了！既然你忙不过来，就说明贵公司还需要人，你就安排我做个登记员吧！"

求职应聘时，不要死心眼地一听说别人不需要人了，就主动放弃。对于任何一家企业而言，都是欢迎人才的，也绝不会因为"名额已满"而关闭"纳贤"的大门，关键在于你是否真的有才，或能否在适当的时候表现出适当的才能。

小雪在一个周五的上午突然接到一个面试通知。她当时在外面来不及换衣服，只得穿着牛仔裤去参加面试。经过一番测试后，主考官对小雪挺满意。

但主考官突然问她一个问题："请问你为什么会穿牛仔裤来参加面试呢？"小雪灵机一动，马上答道："因为周五是贵公司的'便装日'啊！"

原来在这家公司的门口张贴着一幅醒目的漫画。上面的公司员工都穿着睡衣和拖鞋，个个慵懒的模样，旁边还标注着星期五。主考官不由得大笑起来，十分欣赏她的应变能力，小雪当然也得到了那份她想要的工作。

当然，若用人单位有眼无珠，不尊重人才，那就另当别论了。

某公司人事部经理在橱窗里贴了一张告示："招聘程序员。要求会编程，有团队精神，至少精通两种语言。机会均等。"

一条狗在街上闲逛，看见告示就进去了。但它的申请很快就被拒绝了。

"我怎么能雇一条狗在公司里做事呢？"经理说。

狗指着告示上"机会均等"几个字提出抗议。

经理无奈地问道："你会编程吗？"

那条狗走到电脑前很快编了个程序，而且运作准确。

"我们要招有团队精神的雇员。"经理说。

那条狗神气地看着经理，只见一大群野狗在门外虎视眈眈。

"对不起，我真的不能容忍一条狗做这份工作，就算你会编程、有团队精神，但是我需要的雇员至少精通两种语言。"经理气急败坏地说。

那条狗抬头看看经理，发出了叫声："喵——噢——"

多想对这条多才多艺的执着的狗说一声：别再浪费时间了，不是你不优秀，而是别人不懂得欣赏你的优秀，这样的公司即使进去了，也会阻碍你的发展，牵绊你的前途。

019 幽默帮助同事相处融洽

在工作中，同事就是伙伴，和同事相处得如何，直接关系到能否做好工作。如果同事之间关系和谐，就能让大家保持愉快的心情，有利于工作的开展；如果同事之间关系紧张，矛盾重重，就会影响正常的工作秩序，严重的还可能阻碍事业的发展。

幽默可以帮助人们在工作中和同事建立融洽的关系。一个人若能跟同事分享快乐，就能赢得同事的好感和信赖，从而获得同事在工作中的帮助，更容易实现自己的职业目标。甚至即使一个人与其他同事并不志趣相投时，对于快乐与欢笑的分享，也能让这些工作伙伴体验到心灵的默契。

西方有句谚语说，在仆人眼中没有伟人。同理，在同事眼中也没有完人。同事身上可能会有这样或那样的缺点，这是正常的，就如同你自己身上也有一大堆缺点一样。

在职场中，我们不必对同事期望过高，因为大家都是普通人。假如我们在同事身上发现对方阳光的一面，那么对方很可能也有阴暗的一面。反之，假如我们在同事身上看到了一些阴暗面，那也并不表明对方就没有阳光的一面。因此我们在工作中应该宽容大度，要学会接受期待和现实之间的距离。

然而，在社会职场中，有很多人只去挑剔同事身上的小缺点，却忽视了同事的优点。有些人一旦抓住同事的缺点就进行讽刺挖苦，这种做法千万要不得。

张大猛人如其名，长相有些“猛”，由于青春期时长痤疮，他的脸上留下了许多疤痕。有一天，一位同事神秘兮兮地跟另一个人说：“嗨！你来看一张图片，猜猜他是谁？”大家凑过来一看，原来是一张橘子皮的图片。

有人明白了他的用意，便大喊：“你拿张大猛的照片干嘛？”全屋爆笑，从此张大猛就有了一个绰号“橘子皮先生”。张大猛既委屈又恼火。

公司的总经理觉察到这件事，便对大家说："最近有人说张大猛是橘子皮，同事之间怎么能这样说呢，太不照顾同事的情绪了。我宣布个事，从现在起，你们以后再谈到他的长相时只能说：张大猛，咳咳！他长得很提神。"

一个真正懂得幽默风趣的人，总能发现同事的优点，并让自己对同事的行为保持一种乐观积极的态度，而非着眼于同事的错误与缺点。我们应该敞开自己的胸怀，去宽容、接受同事的小缺点和小错误，让彼此的关系更加融洽。

一般来说，很难看到同事优点的人，在工作中不会太顺利。在职场上，我们应该对同事宽宏大量，即便同事的身上有很多缺点，但这些缺点是他个人的问题，并没有对公司的利益以及你的发展构成威胁。

假如一个人善于体谅与宽容他人，那么他就会更关注同事身上的优点，能和同事更好地相处，他的工作就会相对轻松。但在现实中，同事之间总会发生很多矛盾，其实这往往就是"宽于律己、严以待人"造成的。

一个宽容的人，别人都喜欢接近他，他由此能获得更多的支持和帮助。在职场竞争日益激烈的今天，有个好人缘是非常重要的。职场最讲究团队合作精神，身为其中一员，必须有全局意识。假如一个人遇事不够宽容，就会给他人留下目光短浅和心胸狭窄的不良印象。那种只看重眼前利益的短视之人，在现代职场上是不可能有大作为的。

020 用幽默来处理工作难题

这天，一家乳品厂的厂长办公室里，冲进来一位顾客。

只见这个顾客手拿一瓶牛奶，气冲冲地对厂长说道："这样的牛奶能喝吗？我要求退钱，你们的售货员还不答应，岂有此理！现在，我们一起上法院理论吧！”

厂长拿起那瓶牛奶，发现其中夹杂着玻璃碎片，不禁大吃一惊，急忙说：“您喝过没有？要是已经喝了，那咱们还是先上医院检查一下，回头再上法院吧！”

厂长这句幽默的话语大出那位顾客意料，反倒令他有点不好意思了。只见他满脸的怒气即刻消失去一大半，开始心平气和地提出他的意见和建议。

由于乳品厂的过失，使消费者的安全利益遭受损害，导致消费者的强烈不满，这让他们之间产生了很大的矛盾。但乳品厂厂长的一句话，就让一触即发的争吵气氛顿时变得轻松，两者之间的距离也开始缩短了。可见，**风趣幽默是职场中人建立融洽关系和解决突发问题的有效途径与手段。**

在工作中，我们常常需要解决很多棘手的麻烦问题，诸如应对难缠的客户，调节同事之间的矛盾，应对苛刻的老板……

不要为此而烦恼。必须认识到，在解决这些麻烦的过程中，意味着我们能够获得更多的工作经验，提升自己的工作能力，这何尝不是一种挑战和机遇呢？

其实，只要我们善于运用自己的聪明才智，多动用一下自己的幽默思维，都是能够轻松应对的。

小赵的上司是一位外国美女。一天，小赵帮上司买了一份西餐送到她的办公室，却不小心将餐盒打翻在地毯上。

这位外国美女除了马上命令小赵清理干净之外，还不停地说蟑螂会跑来她的办公室，情绪很激动。

正在打扫的小赵连忙安慰她，微笑着说：“经理请放心，这种事不可能发生，因为中国的蟑螂只喜欢吃中餐。”

美女上司的表情顿时舒缓下来，心情也放松了。

小赵在适当时机幽默一下，获得了满意的结局。

当然，**在运用幽默时，一定要因人因事而异**。这就需要我们广泛地了解各种文化背景，以及职场习惯等各类有效信息，才能说出让人能接受的幽默话。

尤其是在一些正式场合，若突然遇到一些棘手的工作难题，一个合适的幽默，也许就能让人的心情得到放松，从而用轻松的心态继续工作。

航空公司的一位主管工程师去参加一个很重要的会议。会议议题是讨论是否在超龄服役的飞机上装备新型喷气引擎。大家逐渐分成了装或不装的对立两派，彼此争论不休，都坚持自己的想法才是正确的，会议的气氛顿时变得沉闷起来。

会议主持人趁机说："这些老飞机就好比老祖母，给老飞机装新引擎，就好比给老祖母丰胸，这可能很浪费，也有可能不浪费。但无论如何，老祖母都会觉得很开心。"大家都哈哈大笑，阴霾气氛一扫而光。

会议主持人幽默风趣的话语，不仅表明了他的观点，还缓和了僵持不下的气氛。

都说笑从口出，人的思绪也会伴随笑声更加敏捷，从而帮助人们解决更多问题。让我们的生活充满幽默和诙谐吧，这可以令我们的职场生涯更快乐、轻松，在面对那些随时都有可能出现的难题时，我们可以做得更加游刃有余。

021 幽默对待工作中的困难

每个人都离不开工作。工作既能带来成功的欢乐，也会带来失败的酸楚。职场中的晋升和加薪会令人愉快，更多的却是人际关系的不协调，以及上下左右的不相容。但若能善用幽默，我们的工作就会畅通无阻。

在职场中，当你遇到调职去分公司或转任较低职位时，一定不要气馁、颓丧。因为世界是一直变化的，或许去分公司反而是培养实力的绝佳机会。

有位员工被外调去分公司工作。人事经理安慰他说："你也不要太气馁，过不了多久，你还是能调回总公司来的。"

那位员工的表现却仿佛这事与自己无关，他毫不在乎地说："我为什么要气馁？我只是觉得此时的心情跟董事长退休时的心情很像罢了。"

这位员工就是一个懂得用幽默来调节自己的人，他能够做到在精神上深呼吸，面对外调非但不气馁，还能通过幽默让自己用良好的心态投入新的工作中。

当我们面对工作中的各种困难时，幽默除了能帮助人调节好自己的心态，还能让人分享快乐和笑声，寻找共同的目标和方法，帮助人们在工作中获得他人的支持，进而摆脱工作的困境。

在工作中一旦取得一些成就，千万不可骄傲，这会让自己与他人拉开距离，让自己站在所有人的对立面，这时也可以适当运用幽默，自我调侃一下。

虽然谦虚是一种美德，却并非凡事都要过于谦让，不与人争。当凭借自己的能力取得成绩时，虽然一方面要强调那是由于大家的支持，但另一方面也应委婉地表明自己的努力才是成功的关键。幽默，有时候也能帮自己"吹嘘"一番。

有个人外语能力很强，会说好几国语言，于是有一次他很幽默地自夸说："我可以用英语、德语、法语、西班牙语来保持沉默，然而一旦有话要说，则只说英语。"

表面听来，这好像是他在表达谦逊，而实际上这幽默的话语中却充满着自信的自我宣传和吹捧。

在很多时候，对于那些成绩卓著的人而言，根本无需幽默的自我夸耀。这是因为他所做的一切，早就被别人看在眼中或装在心中了。在这样的情况下，此人不妨通过批评自己小失误的幽默方法来表现自己的谦虚，从而赢得员工、同事以及上司等的好感。

亨利26岁时就担任了福特汽车公司的总裁。他上台前，公司亏损严重，他经过大胆改革，终于扭亏为盈，虽然在工作中难免有些小失误，但最终还是取得非常大的成绩。

当时有人问他，假如从头做起会是什么样子，他是这样回答的："我看不会有什么非凡的作为，因为人都是在错误与失败中获得成功的，所以假如我从头来过，我只会犯另外一些不同的错误。"

亨利有意回避了问话者的语言重点，故意不谈自己的成绩，反而以自己在工作中的失误为话题，给人留下谦虚和平易近人的好印象。

最后，还应注意一点，当面对自己取得的工作成就时，用幽默的方式表达出来的谦虚，必须是发自内心的真诚的表述，否则就有可能适得其反。

022 幽默可以缓解工作压力

由于当今社会竞争异常激烈，工作压力已经成为职场人士的主要压力，若能处理好，压力就有可能转化成动力，但若处理不好，就会让人心烦意乱，并失去工作积极性，那么压力就会成为阻力。所以，为了提高工作效率，让工作变得更轻松，就需要我们采用自我调节的方法，来缓解工作压力。

幽默是自我调节方法中非常重要的一种，它能帮人缓解紧张情绪，驱逐挫败感，并能解决各种复杂问题。

有这样一家人，他们的家族专门从事危险的行业——用炸药爆破建筑物。可以想象到干这一行心理上会有多紧张，然而这家人都很喜欢运用幽默来化解紧张的压力。当记者与他们聊天时，他们就会讲一些荒谬的故事。有一次面临一项大爆破工作，新闻记者来采访这个家族中的一员，问他将怎么处理飞砂和残砾。这个人一本正经地说："我们跟一家生产包装袋的公司特地订制了一个巨大的塑料袋，然后直升机会在大楼上空把它扔下来。"

记者被逗得笑弯了腰。正是这些笑声，缓解了他紧张的心情。

用幽默来缓解工作压力，会比一些抽象的理论更有效果。通常，与同事开几个玩笑，也可以缓解工作中的压力。

有两位来自不同保险公司的业务员，他们争相夸耀各自的保险公司付款有多快多及时。第一个说，在意外发生当天，他的保险公司就能把支票送到保险人手里。

"这算得了什么！"第二位打趣地说，"我们公司所在大厦有40层高，公司在23楼。有一天有个投保人从大厦顶楼跳下来，当他经过23楼时，我们就把支票递给他了。"

与同事互开玩笑的时候，不但缓解了自己的工作压力，也能帮同事保持轻松的心境。

尤其是当人们负责的工作种类繁多，并且头绪纷杂时，就很容易由于工作压力过大，而产生烦躁不安的情绪，这时幽默就有用武之地了。

幽默虽能帮人们缓解工作压力，但幽默也不是万能的。由于造成工作压力的原因多种多样，所以在缓解工作压力时，人们除了运用幽默外，还应学习并运用其他的科学的减压方式。

有专家建议，对于经常加班的人来说，应该保证适当的睡眠，规律饮食，加强体育锻炼。比如选择一些强度小的活动，像散步、跳舞等，都能在一定程度上起到平衡心态的作用。

023 用幽默的语言向上司提意见

当身为下属者需要给自己的上司提意见或建议时，不妨利用幽默，含蓄委婉地表述自己的想法，这样可以让自己立于进可攻、退可守之地。

人们经常需要向上司表达自己对工作的一些看法或建议，但有些下属者在表达这些看法或建议时，常会在语言表达上有失当之处，并因此给上司留下话柄。这样轻则导致自己的一些看法或建议不被上司认同，重则会让上司对自己产生偏见，导致自己在公司中的处境和前途变得不乐观。

因此下属向上司提示其工作中的失误是很微妙的事情，假如能够轻松愉快地让上司认识到自身的不足，下属就能赢得上司的欣赏和信任，但若是引起上司的反感，就会陷自己于不利境地。

实际上，下属对上司提意见是非常需要技巧的。在各种方法中，借助幽默的语言就是较为可行的一种。来看一则幽默。

将军早晨来视察士兵，顺便关心了一下士兵们的早餐。很多士兵都含糊其词地用“还行”“可以”来回答将军。只有一位士兵带着满足的表情说：“半片蜜黄瓜、一个鸡蛋、一碟火腿、一碗麦片粥、两个夹肉煎饼、一块面包，长官。”

将军疑惑地说：“国王的早餐也不过如此！”这位士兵恭敬地回答：“是的，长官，非常遗憾，这是我在餐馆吃的。”

将军在视察之后，就下达了改善士兵伙食待遇的命令。

这位士兵很善于迂回地表达自己对军队伙食的不满，他的带有幽默俏皮的语言既令长官明白了那就是士兵想要的伙食标准，又令长官较易接受自己的意见。幽默就具有这样奇妙的力量。

金无足赤，人无完人。再优秀的上司也会有出现工作失误的时候，身为下属遇到这种情况时，通常有两个选择，要么装作没看见，要么给上司指出来。无论哪种选择，都应该让上司心悦诚服地认识到自己的失误，同时又不会感到丢了面子。

假如下属不能充分体察上司的心理变化，即便做的事对公司的发展有利，万一遇到心胸狭窄的上司，就有可能在以后的工作中被“穿小鞋”。因此巧妙地向上司指出错误，也是职场的一门必修功课。

汉武帝非常相信长生不老那一套。他对大臣们说：“朕听说假如一个人鼻子下面的‘人中’越长，就代表他的寿命越长。如果‘人中’有一寸长，那他就能活到一百岁。众位爱卿，这是真是假呢？”

东方朔当时就在一旁，心里好笑，嘴中就不自觉地“哼”了一声。汉武帝勃然大怒，喝道：“你敢笑话我？”东方朔连忙恭恭敬敬地答道：“小臣不敢，我是在笑彭祖的脸太难看了。”汉武帝听完不禁大笑起来。

传说彭祖历经唐虞、夏、商等朝，共活了八百多岁。如果人中一寸长就代表活一百岁，那彭祖活了八百岁，不知道人中该有多长了，那脸能好看得了吗？东方朔利用幽默遮掩了自己的过失，解了自己的困境，还让汉武帝在诙谐一笑中认识到了问题的荒谬，不得不令人佩服。

大多数上司都是聪明人，如果下属在指出其错误时，能像东方朔一样使用含蓄的幽默，就能很有效地达成心愿。这种寓理于笑的诙谐风趣，能让上司听起来顺耳，较易接受。

某公司的月销售额较差，在月底总结会议上，主管不断指责下属："就你们这种工作水平，怎么在市场上混？假如你们不能胜任这项工作，会有人来接替你们的！"

他还指着一名曾做过足球队员的新员工，问他："如果一支足球队总是失败，队员们就必须都被换掉。是不是？"那位前足球队员沉默了一会儿，回答道："主管，通常情况下，假如整支球队都有麻烦，那大家会要求换个新教练。"

这位主管面对销售额差的事实，非但不主动从自身找原因，还对属下大声呵斥，这是很不公平的。所以这位员工巧妙地用自己的经历来做比喻，间接地指出了主管存在的不足，令其对自己的行为有所反省。假如他直接反驳主管，不仅可能起不到任何作用，甚至还有可能搞僵与上司之间的关系。

总之，**在职场中，我们不妨用幽默来表达自己的看法和建议。**特别是在需要我们向上司提意见和建议时，更要这样。唯其如此，我们才会走得更远，得到更好更快的发展。

024 卖关子能唤起顾客的好奇心

人类所有行为动机中最有力的一种就是好奇心。虽然唤起顾客好奇心的办法有很多种，但应尽量做到神秘莫测并且幽默风趣，这样才能不留痕迹。

美国生产黑人化妆品最大的企业是富勒公司，约翰逊公司在这一行是家只有一百万美元注册资金的小公司，两者原本不可同日而语。然而渐渐地，约翰逊公司的知名度已经赶上富勒公司。但是约翰逊公司的生产规模一直不大，广告投入也较少，那么它是如何实现这种结果的呢?

其实很简单，约翰逊公司一方面保证产品质量，另一方面它有一套别具特色的推销方法。它的广告是这样表达的："富勒公司是化妆品行业的金字招牌，您真有眼力，一定要买它的化妆品。但是您在用完它的化妆品后，再来涂上一层约翰逊公司的水粉护肤霜，肯定会收到意想不到的奇妙效果。"

对那些买得起富勒化妆品的黑人而言，并不在乎多买一瓶约翰逊水粉护肤霜尝试一下，以此为契机，约翰逊的产品也就声名鹊起了。

约翰逊公司就是利用富勒的化妆品名声卖了一个大关子，引起了使用富勒产品客户的好奇心，并在此基础上推销了自己的产品。

当推销员与顾客面谈时，需要合适的开场白。一个好的开场白就是推销成功的一半。在销售实践中，推销员不妨先设法唤起客户的好奇心，引起客户的关注及兴趣，然后再介绍产品的特色，并迅速转入正式面谈阶段。

有一家厂商参加了一次贸易洽谈会，他们对一个正在观看本公司产品说明的客户说："请问你想买什么呢？"客户看看四周说："这里没什么可买的。"

厂商说："对呀，大家都这样说。"然后厂商又微笑着说："但是，他们后来都改变了看法。"

“为什么呢？”客户好奇心大起。于是，厂商开始正式推销自己的产品，最终争取到了一个大客户。

当客户没有明确表达自己的购买意愿时，厂商也没有直接向他推销产品，而是通过设置疑问，引发了客户的好奇心。就这样，厂商获得了一次向其推销产品的机会。

为了接触并吸引客户的注意力，有时也可以用大胆的陈述或强烈的问句来作为开场白，幽默地设置一些悬念，以引发顾客的好奇心。

美国在20世纪60年代出现了一位伟大的销售员乔·格兰德尔，他总能成功推销出自己的产品，而且他还有一个很有趣的绰号——花招先生。当他拜访客户时，常会把一个蛋形计时器放在桌上，说：“您只要给我三分钟时间就好，时间到了，当最后一粒沙穿过玻璃瓶后，假如您不希望我继续讲下去，我就会离开。”

乔·格兰德尔在推销产品时，经常利用计时器、闹钟、二十元面额的钞票等各种小花招，令顾客能安静地听他在足够的时间内讲话，并对其经销的产品产生兴趣。

那些有经验的推销员常常能运用幽默的语言，营造出轻松愉快的氛围。当与客户出现意见分歧时，幽默的语言又能起到转移或搁置矛盾、化解分歧的作用。

假如你想向一名企业管理者卖电脑，那就不要先问对方是否有兴趣买电脑，或是否需要一台电脑，而是要问：“您想知道，怎么才能让您的公司每月都节省五千元的营销费用吗？”这样的问题更容易吸引企业管理者的注意力。

所以保险公司推销员喜欢这么问：“您知道一年只需花几块钱就能防止意外灾害或失窃吗？”顾客往往会表现出很想了解的样子。这时候推销员就会补上一句：“那您有兴趣了解一下保险吗？我这里有十几个险种可以供您选择。”这样一步步勾起顾客的了解欲望，并有了进一步交易的机会。

大量事实证明，推销员能否卖出产品，在很大程度上取决于推销员对顾客实行诱导的方式。通常，善于“卖关子”的推销员会更容易成功。毕竟，人人都有好奇心，没有谁能抗拒好奇心的诱惑。

025 幽默可以帮你赢得客户的心

销售员可以通过幽默来制造笑声，让顾客在笑声中接纳自己的意见。假如问题正好是出现在公司和客户之间的关系方面时，幽默就能帮助你获得双赢。假如你面对一个爱挑剔的顾客，幽默就是此时最有效的工具。

有一对年轻夫妇参加一个汽车展示会，对一辆小型汽车的价钱有些不满。“这几乎等于一辆大型汽车的价钱了。”丈夫很是抱怨。

汽车销售员说：“那当然，假如您很喜欢大车，您花同样的价钱，可以买两台大型拖拉机。”

销售员面对顾客的抱怨没有直白反对，而是运用幽默技巧表示出他所推销的小型车是物有所值的，不仅让顾客发笑，还能得到顾客的认可。

在很多时候，顾客的不满情绪会很强烈，甚至可能会形成僵局。这就需要售货员懂得运用幽默话语，巧妙打破这种僵局。

某商场人流拥挤，一位女士很气愤地对一个售货员说：“幸亏我今天没有在你们这里找‘礼貌’，因为在这里根本没有‘礼貌’。”

售货员思考了一会儿，回答说：“那你可否让我瞧瞧‘礼貌’的样品？”

那位女士想了一会儿，便会心地笑了。

拥挤让那位女顾客十分烦恼，而售货员用小小的幽默让顾客会心一笑，化解了她的不愉快，并争取到顾客的合作，将一个潜在的矛盾化于无形之中。

假如由于自己或公司所提供的服务不够周到，而采用幽默的方法道歉，并及时解释原因，常常能够在笑声中取得顾客的谅解与合作，这就是幽默的力量之所在。

在南方的某火车站，正逢春运高峰期，本来客流量就大，又加上天气状况不好，车辆不能正常运行。于是候车室里挤满了要赶回家过节的旅客，他们焦急地等待着，可是火车却一再误点。人们开始不耐烦起来，有位乘客拉住一位车站工作人员大声喊了起来：“既然列车时刻表不起作用，那干啥还在候车室张挂列车时刻表？”

很明显，火车误点并非一个车站普通工作人员所能解决的。假如这位车站工作人员也跟着不冷静，来一句“这跟我有什么关系，你有能耐去找铁道部部长去”，那就可能会引发争吵。当时这位工作人员轻声安慰焦急的旅客，说：“出现误点这种事我们也非常着急。然而，如果我们不挂列车时刻表，就不能说出火车误点多久了，您说对吗？”这句幽默的话，让生气的旅客也不好意思地笑了。

遇到突发情况，车站工作人员首先真诚坦率地承认出了问题，从旅客的利益出发想办法解决问题。一旦问题短时间解决不了，车站工作人员和旅客就应该相互信任与理解，并及时沟通，以消除敌对情绪。

有些公司会遇到客户拖欠账单的问题，假如此客户是个老客户，并且是大客户，这种问题多半由公司高级经理亲自解决。

看看有位老板是如何向客户催款的。

“迈克，你知道我们非常感谢你的合作，”经理可能会在约客户用餐时这样说，“然而你的账目到现在已经拖欠10个月了。可以这么说，我们照顾你的时间已经比你母亲照顾你还要久了。”

这样一来，问题很可能就此得到解决，因为这位经理有幽默趣味的表达方式。

具体到生活中，人们该如何使用幽默来争取到客户的合作呢？下面提几条建议。

在谈话前可以先尝试判断客户的类型和风格。明白了客户是什么样的人，才能使用正确的幽默，否则，错误的幽默同样可能损及自己。

如果能在谈话中巧妙地插入幽默，通常都会赢得顾客的好感。但要记住一点：在任何时机和场合，都不能对不熟识的人采用政治、种族以及宗教幽默，如果这么做就叫不合时宜。

你不妨讲一讲个人的有趣经历，而非编出一个幽默故事。比如自己在职场、在家里，或者孩子身上发生的趣事。这样的故事对方肯定是第一次听到。你还可以把谈话内容记录下来，下次再遇到这个客户，就会很快回忆起上次谈到的幽默故事。

026 不同的职业，不同的幽默

不同的职业需要运用不同的幽默，效果才会好。因为不同的职业所接触的职业对象是有很大区别的，比如教师的职业对象是学生，而医生的职业对象是患者，汽车售票员的职业对象是乘客……职业性质不同，职业对象是不同的人，因此决定了幽默的特色与分量。

现场示范性教育是很多家长教育孩子时经常采用的一种很好的形式。因为这种形式能够让受训者对所学事物有最直观的感受，从而快速、准确地领悟自己的所学。

在一个家庭里，女儿正在做家庭作业时，要父亲解释“气愤”和“哭笑不得”是什么意思。

父亲想了想，把女儿领到电话机旁，拿起电话，随便拨了个号码，叫女儿仔细听。

“喂，”他对接电话的人说道，“我找麦尔文。”

“这儿没有叫麦尔文的，你打错了。”说完，对方就把电话挂了。

只见父亲又拨那个号码，问：“麦尔文在吗？”

“怎么回事！”对方吼道，“我刚对你说过这儿没有麦尔文。”说罢砰地挂了电话。

“你瞧，”父亲解释道，“这就叫气愤。现在我让你看看什么是哭笑不得。”

他又一次拨了那个号码，听见一个声音吼了声“喂”时，他心平气和地说：“我就是麦尔文，刚才哪个打电话找我？”

父亲挂了电话，微笑着对女儿说，对方在哭笑不得。

医生也能使用幽默，尤其是对那些比较麻烦的患者。

有一个医生在凌晨三点钟接到了自己的患者打来的电话，对方说：“我并不想打扰您，可是我得了严重的失眠症。”

“那你想怎么样？”医生幽默地问，“难道要传染给别人吗？”

显然这位医生的幽默也带有职业色彩，他使用了“传染”这个医学用语来表达自己的无奈。

公共汽车售票员经常会遇到各种难题，他们的应对需要温和周到。

在一个雨天，有位女子带着一条腿上沾满污泥的狗上了公共汽车，她坐下后就问售票员：“假如我给这条狗买一张票，它是否能跟其他乘客一样有个座位？”

售票员很客气地说：“当然可以，太太。不过您的狗也必须和其他乘客一样，不能把脚放在椅子上。”

这位售票员利用幽默委婉地拒绝了乘客的无理要求，而又不失分寸。

售货员若能运用幽默来应对微妙的事情，就能够销售出更多的东西。

有一位售货员性格活泼，他会这样给顾客介绍电动剃须刀：“三个月内马达不动了来找我——当然没电池可不行。”他说这电动剃须刀是“男女老少的必备用品”“哦，婴儿暂时不可用”。他教人用法时说：“胡子少的人可以每天一次，每次一片；胡子多的人就每天两次，每次两片，一定用白开水送服。”

这位售货员一会儿谈到马达，一会儿又说起吃药，这是一种在销售中培养的有意错置的荒唐幽默法。

还有一个浴室服务员，喜欢用幽默来应对棘手的工作问题。这位浴室服务员为人诙谐，每逢周末人较多时，他就说：“星期礼拜，团结友爱，互相照顾，动作要快。”有时候他会说：“洗完的朋友快穿衣服了，外面有人在卖便宜货。”

这位服务员爱说顺口溜，使用了夸张幽默法，很符合他的职业性质。

在商业交往中，幽默也非常重要，它能使卖者与顾客的关系更为密切。

某菜市场里有个幽默的小伙子，他经营了个小小的肉摊，却有很多顾客，原因就是他非常讨顾客喜欢。比如当他看到中老年顾客，就装作没看清：“您好，年轻人，买些小牛肉吧，香嫩可口，年轻人吃了小牛肉会很健壮。”老年人被称为“年轻人”当然非常开心，再加上他能巧妙地介绍产品，生意当然好了。

商贩们要主动跟顾客搞好关系，尽可能不说顾客“老”，这也是一条成功的秘诀。

职业的幽默没有固定模式，只能依照不同职业、对象以及境遇，灵活运用，但必须以“爱”为基础。

社会上有各种各样的需求，工作的种类至少也有三百六十种。无论从事什么类型的工作，都要用轻松愉悦的态度去应对挑战。即便在严肃的工作中，也不妨幽他一默！

第四章

社交中的幽默口才

027 幽默是人际交往中的法宝

在现代社会生活中，人们的社交活动已经扩展到了很多场合。在一定程度上甚至可以说，凡是有人类生活的地方，就有社交活动。同样地，凡有社交活动的地方就少不了幽默。

一次社交活动中，卓别林不停地用手驱赶着围着他乱飞的苍蝇。然后，他拿起一个苍蝇拍，可是拍了半天也没拍着。最后，有只苍蝇停在他面前的桌子上，他举起拿着拍子的手，准备狠狠地打死它。可是，他的手忽然停在半空中，直直盯着那只苍蝇。

“赶紧打死它呀！”一个人急了。

“它不是刚才侵犯我的那只。”卓别林耸耸肩沮丧地说。

卓别林真不愧是幽默大师，日常生活中的一举一动，都显得与众不同。按照常人的做法，一拍子拍下去，打死苍蝇，无任何可笑之处。妙就妙在，卓别林拉开架势以后突然变卦，引人发问，再说出一个似是而非、似非而是的理由，让人忍俊不禁。

从社交礼仪的角度来看，幽默的运用不仅会令人产生许多温馨的感觉，还能给人留下较为深刻的印象。

一位先生去看望一位小姐，保姆却对他说："不好意思，我家小姐要我告诉你，她不在家。"

这个人就说："没有什么，你就告诉她，我并没有来过就可以了！"

故事里这个聪明的先生就是采用了一种幽默处理法，以善意的话语说出了自己的心情，并且对女孩避而不见的做法表达出了不满。可以想象，当这位小姐听到这种客气的答话的时候，肯定会忍不住走出来与他见面的。

有人说，幽默是一种艺术，是用来增进你和他人的关系，并且改善你对自己真诚评价的一种艺术。在现实生活当中，赞扬需要幽默，而指责更需要幽默，因为幽默能使指责传达出善意。

如果双方意见发生了分歧，其中一方的当事人用幽默的语言来暗示、责备，即使是调侃式的、半宽容的幽默语言，也能正确无误地表达出自己的责备之意，并达到不至于伤害对方的目的。这说明用幽默的方式传达给对方之后，对对方产生的作用并不完全在于这是些什么话语，而在很大程度上在于你给对方的是一种什么样的感觉。

一个调皮的男孩来到一家理发店，要求刮胡子。于是，理发师就让他在椅子上坐下来，在他脸上涂了肥皂水之后，便去和别人聊天了。

这个男孩等得不耐烦，就叫了起来："理发师，你什么时候才给我刮胡子啊？"

"我在等你的胡子长出来呀！"聪明的理发师说道。

在社交中，赞扬、指责，甚至是表达同情心，都可以带上一点幽默色彩。

在社交场合，用这种幽默讲讲笑话是可以的，但是也要视具体的环境、对象与氛围，注意把握分寸，采取适当的形式来表达出合适的幽默来，才能收到好的效果。

其实，在现实生活中，有很多事情都会令人无所适从，通过一般的方法也是难以解决的。此时，人们往往采用幽默的方式，将自己所有的不满与不快都包含在这幽默的话语中。

另外，幽默往往使其拥有者远远地胜出其反对者，真正的幽默高手应具有这样一种自制力，他可以在最恰当的时机给对手以沉重的、致命的打击，而不是仅仅产生一时冲动、简单急躁或未经深思熟虑的异常行为，或者愤怒、生气等。

用幽默还可以化解困境，解决比较疑难的问题，维护自己的利益，捍卫己方的尊严，而又不伤害对方的面子，这是其他方法难以媲美的。

所以说，**幽默是社交成功的法宝之一。**我们可以充分发挥自己的聪明才智，巧妙地运用幽默的力量，通过成功的社交走上成功之路。

028 在自我介绍中加入幽默的成分

在人际交往中，树立自身良好的形象是非常重要的，特别是第一印象对今后的发展起着举足轻重的作用。在我们与不熟悉的人第一次见面的时候，通常第一步要做的就是先介绍自己。不论我们是主动地自我介绍，还是经过别人代为介绍，都不应当采取太冷淡或者太随便的态度。让人有一个印象深刻的自我介绍，是双方正式谈话时最为重要的一步，而幽默则是最好的“添加剂”。

在聚会场所，名字往往代表着每个人的独特性，因此当介绍自己的名字的时候，应该正确告诉对方你的名字的读音与写法。

有一位名叫“吴美金”的女士非常善于运用这种技巧，每次她都能给对方留下十分深刻的印象。每次她做自我介绍的时候，都会说：“我姓吴，口天吴，名叫美金，美国的美，金钱的金，合起来就是吴美金。‘吴美金’也就是说‘我没有美金’，而并不是说‘我有美金’，希望大家美金多了能给我一点扶扶贫！”这席话经常会引来听者一阵大笑，这样一来，大家就会对她的名字印象特别深刻。

美国政治家查尔斯·爱迪生在竞选州长的时候，不想利用父亲——大发明家爱迪生的声誉来抬高自己，于是，在做自我介绍时，他就这样解释说：“我不想让人们认为我是在利用爱迪生的名望，我宁愿让你们明白，我只不过是我父亲早期实验的结果之一罢了。”

当然，若是遇到那些对你有恶意的人，你也可以在自我介绍时予以反击。

摩西·门德尔松是德国18世纪的大哲学家。

一天，他在柏林大街上散步时，不小心撞到穿军服的普鲁士军官。

军官冲他粗鲁地骂道：“笨猪！”

这时，哲学家微微弯了弯腰，彬彬有礼地说：“门德尔松。”然后扬长而去。

狗咬了人一口，人绝不会俯下身子去咬狗一口。大哲学家门德尔松面对粗鲁的军官，在不损自己大家风范的同时，又有力地回击了对方。

当你自我介绍时，不妨也稍微花点心思，把自己的名字或需要介绍的职位等事先设计一下，这样就能更容易让对方记住你。

029 幽默是解围的有效手段

罗斯福获得第四任总统连任的当天，一位记者对他进行了采访，问他对连任有何感想。罗斯福并未立即回答，而是请记者吃一片三明治。记者觉得很荣幸，就吃下去了；罗斯福请他再吃一片，记者又吃下去了；罗斯福请他吃第三片，记者好生奇怪，但还是勉强地吃下去了。当罗斯福把第四片三明治又递给他时，记者说："谢谢您，总统先生，我实在是吃腻了。"罗斯福微笑着说："那么请问，现在我还需要回答您刚才的问题吗？"

罗斯福把两件风马牛不相及，根本不具备可比性的事情硬牵扯在一起，巧妙地避开了对这个敏感政治问题的回答，显示了一个政治家高超的幽默智慧。

当我们处境尴尬时，以幽默调侃的心态来活跃气氛，消除紧张，不但能够使自己找到台阶下，也会显现出一个人的可爱和睿智来。

在与人交往的时候，不可能总是一帆风顺的，总有遇到尴尬的时候，不同的人对此有不同的反应，有的人会拍案而去，有的人会无言以对，而善于为人处世的人，则总是能用风趣的言语化解尴尬，缓和气氛。

在我们身处尴尬或被人误解的时候，诙谐幽默的话语不仅会为我们挽回面子，还可以活跃现场气氛，为我们赢得别人的尊重。每个人难免会遭遇尴尬，即使是具有一定声望与地位的名人也难以幸免。所以，他们的应对更需要技巧，因为假如处理不当，很容易损毁自己花费心思艰辛努力而建立起来的社会声誉。此时，幽默以对是最好的选择。

有一次，里根总统正在白宫的钢琴演奏会上发表讲话。突然，他的夫人南希连人带椅滚到了台下。全场一片惊叫，只见南希一骨碌爬起来，然后若无其事地回到自己的座位上。此时，全场又一片热烈的掌声。

里根一看夫人安然无恙，就笑着打趣道："亲爱的，我告诉过你，只有在我没有获得掌声的时候，你才应该这样表演！"

遭遇突发事故时，要运用你的随机应变能力，沉着冷静地去处理。里根用他超人的智慧和如簧的巧舌，把一次尴尬之极的意外事故，转化为一次异常经典的难忘插曲，成为人们茶余饭后津津乐道的话题。

除了日常的社会交往，很多电视访谈节目也是一个非常重要的应对场合。一些具有优秀主持技巧的主持人经常会在节目中"为难"嘉宾，以制造娱乐效果，从而引发话题。而聪明的嘉宾总会在这时找到幽默的应对之法。

身高1.68米的主持人曹颖，在节目中遇到了身高2.26米的著名篮球运动员姚明，她丝毫不改麻辣主持本色，试图"为难"一下他。

于是，曹颖就问："请问你心目中女友的身高标准是多少呢？1.68米怎么样啊？"

姚明知道这是个套儿，就装作一脸无奈地回答："你这不是给我添麻烦吗？你这属于给我制造家庭矛盾呀！"并由此岔开了话题。

然而此时，帮腔的来了，有人故作天真地问他："在2.26米的高度呼吸到的空气，有什么不同吗？"

聪明的姚明想都没想就回答道："你们现在吸到的，都是我呼出的废气。"

作为一名优秀的篮球运动员，姚明也是一个聪明睿智的人。由于长期生活在媒体闪光灯之中，他已深谙访谈节目的技巧，所以可以沉稳幽默地应对。而他诙谐的回答，也让我们看到了他球场上专业形象之外的平和幽默的另一面。

因此，在社会交往中，别忘了偶尔幽默一下，因为它会带你走出困境，重建社交自信，它还会让朋友感受到你的宽容大度，从而加深你们的友谊，它会让那些试图给你难堪的人望而却步。**总而言之，当你身处尴尬之境的时候，别忘了找幽默帮一下忙。**

030 巧妙打破社交中的尴尬局面

生活中经常会发生这样的事情：有人在很多人面前说出你不想让他人知道的秘密或揭你的伤疤，从而让你窘迫万分，甚至大发雷霆。

遇到这种情况，怎样才能不失风度地维护自己的面子呢？

美国总统林肯长相很普通，有一次在一个公开场合，有一个人对林肯说：“你长成这个样子，还出来干什么？还不如躲在家里别出来。”

毫无疑问，这话是非常不礼貌的，但林肯只是淡淡一笑，回答道：“非常抱歉，我这是身不由己的。”

其实，“身不由己”这个词是就他的长相来说的，天生这样，他也没有办法。大家听了之后，都笑了起来，难堪的局面就此化解。

日常生活中，我们每个人都有可能被动地扮演这种尴尬角色。让你感到难堪的，可能是你的朋友、同事或者爱人。当着很多人的面，他们取笑你，或者告诉别人你不愿提及的往事，让你心里感到很不舒服。假如你因此而发飙，对方就会说他只不过是跟你“开个玩笑”而已，还说你一点幽默感都没有。

社交专家表示，如果跟这种人打交道，有两种不同的处理方式。

一种是消极的抵抗。要么被羞得恨不能找个地缝钻进去，要么情绪爆发大吵一架。当然这会让你在别人眼中的形象一落千丈。

另一种是积极的应对。你可以巧妙地利用这些信息，把不利变为有利，不但可以有效地抵御“寻衅者”，还能让自己更受欢迎。

一位著名的社会学家曾经对这种窘迫调查研究了20多年。他指出，遭到公开的羞辱，当然没人会高兴，并且这也不是件可以轻易忽视的小事。当遭到公开羞辱而受到情感伤害时，大多数人会失态、发火，或者一句话都说不出来。不过你还有另一种选择——保持理智，控制交往情势。

你不要花很多时间去琢磨：“为什么这个人要这么对我？”有些人是故意这么做的，也许是因为他们感到了你对他们的潜在威胁，也许是为了报复在他看来你曾做过的对他不利的一些事。另有一些人则仅是心里憋不住事，试图一吐为快，却没有想到自己不经意的做法会给别人带来那么大的伤害。

去琢磨这些人的动机是非常不明智的。“对方很可能不知道你会介意这个事情。”当你向对方指出其言行失礼时，那些出于好意却拙于表达的人通常都会马上向你致歉。

不过，当时应当采取什么样的办法去应对，还得看具体情况。当你的老板或上司在同事们面前指责你，并且今后还有可能出现这种情况时，你可以这样回复上级：“这个问题我待会儿能否单独向你请教一下？”这样做既不失风度，又维护了你的自尊。

同样的道理，如果你曾被家人或朋友这样伤害过，与其采取他们对你的方式回敬，倒不如直截了当地向他们说明，他们的做法已经使你受到了伤害。如果他们还这样做的话，你可以进一步表示自己将不再信赖他们。这种应对能力一方面显示出你的清醒而健康的自尊与受人尊重的感情控制能力，又可以使对方相形见绌，可谓一举两得。

如果有个人在第二次使你感到这么窘迫时，你的措施就要相对严厉些，有时必须当场制止，对他说：“你能否告诉我，为什么你总是有意让我难堪呢？”或者对他这样说：“你看起来好像心情不大好，是不是我做了什么让你不高兴的事？”这种应对能表现出你宽宏大量的良好素养，从而获得旁人的尊重、对方的认同，使对方的态度快速改变，进而改善两人之间的关系。

当然，不管你采用的是什么办法，最重要的是一定不要失态发火，否则只能使“寻衅者”占优势，而且会招致更深的敌意。

不过，经过实践证明，对付这种尴尬的最好方法，就是运用自己的机智和幽默感来化解。下面这两位女作家之间的交往故事，相信可以带给大家很好的借鉴。

一位作家写了一部书，反响很不错，出于妒忌，另一位作家走到她面前，不怀好意地说：“你这本书写得不错，不过不知道是谁为你代笔的呢？”

这位作家立即反驳道：“很高兴你能夸奖我这本书。不知是谁念给你听的呢？”

对方嘲讽她不会写，而她则回敬对方不会读，既在意料之外，又在情理之中，用一个玩笑化解了尴尬。

这就仿佛在拥挤的车厢里，别人不经意地踩你一下或碰你一下是常有的事，在跟形形色色的人打交道时，有些小矛盾和小碰撞都是在所难免的。**当遇到这种情况时，一定不要大发脾气，而是要用智慧去解决，这样事情才能有个最好的结果。**

031 顺水推舟，幽默地化解攻击

比较隐蔽的幽默可以运用隐晦的语言化解对方的攻击，而顺水推舟则更带攻击性，能令对方陷入难堪之境。也可以说，顺水推舟的幽默更考验当事人的临场反应力与人生阅历。

顺水推舟，顾名思义，指的是顺着对方的话往下说，使对方难以应对。但是这种幽默方式的应用，需要当事人具有很强的应变能力，能在现场做出即时反应，顺着对方的话令其自食其果，以难堪收场为止。

美国第28任总统威尔逊在出任新泽西州州长的时候，他的一位好友、州参议员不幸去世了，他非常伤心并做出取消当天一切约会的决定。

他刚做完这个决定，就接到了该州一位政治活动家的电话。

“州长先生，”那人结结巴巴地说，“我……我非常希望能够代替已经谢世的参议员的位置。”

“好吧，”威尔逊似乎漫不经心地说，“假如殡仪馆同意的话，我个人也是完全同意的。”

对于这种被权力蒙蔽了双眼而全然不念人情世故之人，威尔逊自然是非常反感的，特别是在他痛失好友的特殊时期，竟然有人想要踩着他人往上爬，他无疑应该予以反击。可是威尔逊并没有义正词严地指责该政治家的不念旧情，急于升职，反而是顺着他的话，表示十分同意。不过，明眼人谁都能看出来，他同意的是让该政治家去火葬场代替自己的旧友。威尔逊紧紧抓住这位政治活动家言语表达不清的弱点并顺势攻击，给对方以辛辣的讽刺与风趣的调侃，令对方十分难堪。

有一个国王举行宴会，赐给了每位来宾一套华丽贵重的衣服。国王也叫来了阿凡提，并且当着众人的面赐给他了一块披在毛驴身上的麻布。在场的众人哈哈大笑，都看着阿凡提如何出丑。

只见阿凡提恭恭敬敬地从国王的手里接过麻布，再三朝国王道了谢，然后高声向客人们说道："贵客们！国王赐给你们的那些衣服，虽然都是绫罗绸缎，却都是从集市上买来的。但国王是多么尊重我呀！你们瞧瞧，他竟然把自己的王袍都赏赐给我了！"

国王本想捉弄阿凡提，令其在众人面前出丑，却反而被阿凡提的顺势回答给捉弄了，最后落得个"驴国王"的形象。

无独有偶，漫画大师张乐平的《三毛流浪记》里也有这么一则笑话。

有一位阔太太牵着哈巴狗上街，看到衣衫破烂的三毛，想拿他寻开心，就对三毛说："你只要对我的狗喊一声爸爸，我就赏给你一块大洋。"

而三毛就说："喊一声给一块，那我喊十声呢？"

"那就给十块。"阔太大不假思索地答道。

于是，三毛躬身下去，顺着狗毛轻轻地抚摸，煞有介事地喊了声："爸爸！"

这个阔太太妖里妖气地笑了一阵，就给了三毛一块大洋。三毛连着喊了十声，阔太太就真的赏了三毛十块大洋。

此时周围挤满了看热闹的人。三毛笑眯眯地向阔太太点了点头，又故意提高嗓音，长长地叫了一声："谢谢你，妈！"

周围围观的人大笑不止，那个阔太太面红耳赤，狼狈透顶。

故事里，三毛用幽默回敬了阔太太的侮辱，实在是高明极了。

有句俗话说“投之以桃，报之以李”。如果对方的捉弄是友善的，我们回应的方式也应该是亲密善意的；一旦面对别人恶意的愚弄时，我们也要毫不留情地以幽默的智慧回敬过去。

三毛用的是一种很直接地让对方难堪的方式，还有的人受人攻击时因为不明其真正意图，故而先装作糊涂，顺其自然，等获知其真正意图之后，再以幽默之语回击，从而令对方难堪。

“山重水复疑无路，柳暗花明又一村”，在人际交往中也是这样的，受攻击的一方很可能在下一个回合就转败为胜，关键是要懂得幽默的技巧。幽默地去应对，幽默地让对方难堪，让对方打掉门牙往肚子里咽，有苦说不出。

032 以其人之道还治其人之身的幽默技巧

许多时候，言语的碰撞交锋，充斥着智慧与幽默的对比。以其人之道还治其人之身式的幽默反击，可以轻松助你让对手陷入自取其辱的境地。

对于他人的言语攻击，如果我们与其争吵则有伤风度，最好能给对方以优雅的一击，直中其要害。而其中最好的方式莫过于抓住对方攻击的关键点，幽默地加以回击。这种幽默反击，不但可以让人在轻松愉快的气氛中解决纠纷，从而缓和尴尬，并且在必要的时候，可以运用幽默这把利剑，以其人之道还治其人之身，用幽默的话语反戈一击，反败为胜，直击故意刁难者。

有一个城里人，遇到一个乡下人，就向他发难：“请问这位老乡，你有几个‘令尊’？”

而乡下人装作不知，就反问道："'令尊'是什么啊？"

狡猾的城里人回答："'令尊'就是儿子的意思。"

接着，乡下人反问："噢，那么，请问您有几个'令尊'？"

此时，城里人无言以对。乡下人却步步紧逼，安慰他说："看来您膝下无子，我倒是有两个儿子，可以过继一个给您当'令尊'，您看咋样？"城里人扫兴而去。

故事里的这个城里人自恃才高，欺负那个乡下人知识浅陋，妄图取笑他，而乡下人却以过人的智慧加以反驳，他的语言恭敬却处处设有陷阱，让城里人搬起石头砸了自己的脚。这个乡下人运用幽默的技巧，巧妙地用"令尊"一词进行回击，不仅为自己解了围，维护了自己的尊严，也给了对方难堪。

在生活中，乡下人往往被误认为是没有知识的人，而荧屏上漂亮的女演员也经常被误认为头脑过于简单，不过事实并非如此。下面的故事中的女演员布雷斯韦特小姐就以幽默之语展示出她过人的智慧与应变力。

布雷斯韦特小姐是英国电影演员，以漂亮的外表和精湛的演技闻名。她那伶俐的口齿，更是赢得了无数人的钦佩。

有一次，某个戏剧评论家碰上了布雷斯韦特小姐，他想跟她开个玩笑，便对她说道："亲爱的小姐，我有一个想法已经搁在心里很多年了，今天就对你坦诚直言吧！在我看来，你可以算是我们国家第二位最漂亮的夫人了。"

这个评论家以为布雷斯韦特小姐听了此话，一定会追问他有幸荣登榜首的是哪一位。然而出乎他的意料，布雷斯韦特小姐平静地说："谢谢你，亲爱的先生，我在第二流最佳评论家这儿，也就只希望听到这种评价了。"

故事里戏剧评论家调侃布雷斯韦特小姐不是英国最漂亮的女人，自然此话中玩笑成分多过事实，而布雷斯韦特小姐也不甘被调侃，她幽默地反击了自作聪明的戏剧评论家，说他的评论水平也不过尔尔。她的这句回答一语双关，不但表明她不在意这个评论家的意见，也对评论家的肤浅的调侃进行了尖锐反击。

以上两则故事中，普通的乡下人和聪明的女演员并非以语言为职业，他们灵活的应变力与反戈一击多依赖于现场的临时发挥。那种以语言为职业的专业人士则往往在生活中积累了丰富的素材与经验，因而在面对攻击时，就能轻而易举地击倒对方了。

有一次，在一个盛大的晚宴上，一位出身富家的年轻人趾高气扬地问萧伯纳：“您是萧伯纳先生？听说您的父亲只是一个裁缝哦？”

闻听此言，萧伯纳微笑道：“是的。”

不知高低的年轻人再问：“那……您为什么不学他呀？”

此时，萧伯纳笑着看了年轻人一眼道：“听说你的父亲是一个谦谦君子？”

年轻人高傲地回答：“对。”

“那你为什么不学他呢？”萧伯纳反问道。

萧伯纳的反击就叫“以子之矛，攻子之盾”。这个年轻人攻击萧伯纳出身低贱，然而幽默大师萧伯纳对此却不予置评，而是转而批评他的教养疏浅，其句式与用语与这位年轻人都很相似。萧伯纳巧妙地运用了反戈一击的技巧，用这位年轻人的攻击之术轻轻松松地回击了其傲慢无礼的态度，令其碰了一鼻子灰。

033 学会幽默地拒绝他人

学会拒绝是人际交往的一门必修课。拒绝别人是需要技巧的，太直接生硬的方式会让对方觉得难堪，甚至伤及双方关系。**懂得随机应变，学会有技巧地说“不”，是每个人都应该学会的处世技巧，它能让你的生活变得更加轻松自在。**幽默且委婉地拒绝，能够让你在人际交往中少一些尴尬，赢得更多的理解。

有一天，还没成名的爱因斯坦在纽约街上遇到了一位朋友。

“爱因斯坦先生，”这位朋友说道，“你似乎有必要买一件新大衣了。瞧瞧，你身上的衣服多旧呀！”

“这有什么关系啊？在纽约，谁也不认识我。”爱因斯坦十分坦诚地回答。

几年后，他们又一次偶然相遇。此时的爱因斯坦已经成为一位有名的物理学家，但是他依旧穿着那件旧大衣。他的这位朋友又不厌其烦地劝他去换一件新大衣。

“何必呢？”爱因斯坦答道，“现在，这里的每一个人都认识我了！”

在穿着方面，爱因斯坦跟朋友发生了分歧。第一次，爱因斯坦用直接的话语表明了自己的想法；而第二次遇见时，爱因斯坦重复使用了第一次的句式，巧妙地坚持了自己的观点。他的朋友一是无可奈何，二是感到其幽默，此后再也没提过这件事。

我们在与朋友交往中，有时还会遇到一种情况，那就是朋友会问一些你不愿意回答的问题。一旦遇到这种情况，避而不答就会显得自己非常不礼貌，此时，用幽默的方式来回避，将会起到很好的效果。

有一位朋友问普斯顿多大年纪，普斯顿若有所思地告诉他："40岁了。"

而10年后，这位朋友再次问普斯顿多大年纪了，普斯顿毫不犹豫地回答道："40岁。"这个朋友感到非常奇怪："怎么可能啊？10年前你就说过40岁了呀。"

此时，普斯顿答道："正人君子是不会由于时间而改变一些事情的，例如10年前与现在一样，我们都是朋友。你20年之后问我，我同样还是40岁，对吗？"

从此以后，朋友再不向普斯顿问这个问题了。

在这个故事中，主人公普斯顿其实很不愿意回答自己的年龄，第一次就有意回避了。而朋友在多年之后居然又对这一问题发问，普斯顿又不能坚决地拒绝回答这个问题，于是他就巧妙地将与朋友间的友谊也拉入话题中，使得朋友感到彼此友谊也在"不变"的范围之内。

在现实生活中，人与人之间的金钱往来是常事，朋友之间更是如此。但是，有很多人在面对朋友借钱、还钱之类的事情时，由于不擅长处理这种关系，导致双方大伤和气。有的人明明是不方便借给朋友钱，却不好意思拒绝朋友，担心这样会伤朋友的颜面。其实，在朋友之间表达自己的拒绝之意的时候，只要处理得幽默诙谐，是绝对不会让两人的关系陷入僵局的。

杰克和戴维是同学。有一天杰克看到戴维，就很亲热地打招呼。杰克看戴维委靡不振的样子，便关切地问道："你怎么了？好像很没精神呀！"

戴维心想，终于逮着机会了，便大吐苦水："最近我为了开新公司而到处借债，可是数额还差好大的缺口呢，所以我晚上愁得睡不着觉，你能不能帮帮忙呀？"

杰克很爽快地答应了，戴维高兴地离开了。

第二天，戴维收到了杰克拿给他的特效安眠药。

上面的故事中，杰克借戴维表意不清的漏洞，故意忽略了主要问题，而装作误解戴维是向他求救如何改善睡眠状况，不仅避免了直接拒绝的尴尬，还堵住了戴维的嘴，让其不好意思再次开口借钱，可谓是一举两得。

其实，在浪漫的爱情之旅中，幽默的语言更是不可或缺的调味品。幽默的言语不仅可以增加情趣，制造浪漫气氛，特别是当一份感情难以维系的时候，以幽默的言语加以拒绝，可以避免让对方觉得难堪。

有一个男孩为了向心仪的女孩求婚，精心准备了一顿丰盛的晚餐。在气氛正好的时候，男孩说："只要你愿意，我想一辈子为你做饭。"

这个女孩并未做好结婚的准备，却又不想直接拒绝，于是就委婉地说："真是不好意思，我还想多吃几年自己做的饭呢！"

这个男孩借做饭这件事，拐弯抹角地请求女孩嫁给他，而女孩也借做饭这件事委婉地回绝了他，这样迂回的方式，让他们都为双方留下了一定的余地，不会让对方过于难堪。

034 幽默是化解矛盾的良方

在与人交往的过程中，人与人之间难免会发生一些正面的碰撞与冲突。这样的冲突大致可分为两类：无意的冲突以及蓄意的挑衅。针对这两种不同情况，我们应当进行有区别的对待。在大多数情况下，冲突都是无意中引发的，这时我们就可以用与人为善的方式来对冒犯者进行温和的批评。

有一位刚刚学会骑自行车的小伙子，在骑车时见前边有个过马路的行人，连声喊道："别动！别动！别动！"

那个行人非常听话地站住，却还是被他撞倒了。

于是，小伙子扶起这个行人，连连道歉。而那人却幽默地说："原来你刚才叫到'别动，别动'是为了瞄准我呀！"

这个例子中的情况，在日常生活中我们经常会碰到。过马路的行人被骑车的人撞倒了，竟然还有心思与骑车的人开个玩笑，而这并不是回避、无视生活中出现的矛盾与冲突，而是用幽默的方式展示一种温和的批评，还表现出了一种非常高的修养。**借助幽默的友爱之手，我们就能非常巧妙地化解生活中的各种矛盾。**若从心理根源上来说，化解矛盾的关键就是养成那种与人为善的友爱的心态。许多幽默故事都体现了人们对友爱的呼唤，让我们看看下面这个幽默故事吧。

在电影院中，一名年轻男士在摸黑去过厕所之后，来到了某座位外端的一位女士的旁边，对她说："我刚才走出去的时候，是不是踩过您的脚啊？"

那个坐在最外端的女士非常厌烦地回答道："那还用问吗？"

年轻男士赶紧说道："噢！那就是这一排了！真对不起啊，我有严重的近视……请让我替您擦擦鞋吧！"

这位女士马上表示没什么，说："我自己擦就可以。"

从这个幽默故事中，我们可以看出，假如你冒犯了别人，对方在乎的或许不是你是否赔偿他的损失，而是你对自己所做的错事的认错态度。因此，当错在你的时候，你只要诚实地低下头来，用幽默的方式向对方道歉，让对方感受到你表达歉意的那份诚心，相信大多数时候对方也会对你表示友善的谅解。

另外，幽默地道歉也要注意掌握时机。在通常情况下，一个正在发脾气的人，由于火气上升，有时候会丧失理性，在这个时候，假如你保持安静，不去招惹他，他就可以慢慢地恢复平静了。当对方在谩骂不休的时候，你千万不可抱薪救火，故意去挑逗他，只有这样，他暴怒的火焰才会慢慢熄灭。

035 幽默能让你从容应对各种场合

人生中既有风和日丽的时候，也有狂风暴雨的日子；有时会赢得别人发自肺腑的尊重，有时也会陷入无地自容的窘境。**在面对一切荣辱得失的时候，我们要做的就是泰然处之，并保持一颗平常之心。**

生活总爱和人开玩笑，我们常常无法避免一些意外的尴尬。有的时候，你不经意间的一句话，就会给自己招来一些不必要的麻烦。遇到这种情况的时候，人们总会想方设法地去解释，试图澄清事实。但是有时候，事情却会越描越黑，越解释越说不清。此时，解决问题的关键，就在于是否能让别人信服你的观点。

在古希腊，一位名叫伊索的寓言大师极富智慧。有一次，他的主人醉酒后失言，发誓要喝干大海的水，并以他的全部财产作为赌注。第二天醒来，主人发觉自己失言了，极为懊悔。但是全城的人早已得知此事，纷纷来到海边等候着，要亲眼看见他怎么喝干大海的水。

此时，束手无策的主人只得向聪明的伊索求教。伊索平静地思考了一番，然后就给主人出了一条妙计。主人急急忙忙赶到海边高喊道："不错，我是说要喝干整个大海的水。可是，目前千万条江河不停地流向大海，这可就不好办了。如果谁能非常明确地把河水与海水的界线分开，那我保证能喝干真正的大海的水！"

自然没有人能找到河水与海水的严格界线，并且把它们分开。于是，伊索的主人安全地渡过了这一尴尬的难关。

故事里，聪明的伊索面对主人的难题时，并没有像主人一样惊慌失措，而是平静地进行思考，仔细分析如何才能挽回主人的声誉。最后，他通过设立了一个不可能的前提条件，使这件不可能的事情被合乎逻辑地推掉了，从而化解了尴尬。

在社会交往中，我们总会遇到一些意想不到的事情，尤其是在公共场合，难免会遇到尴尬、难堪的事情，怎么来应付这种场面呢？怎么做到冷静处理，尽量地缓和气氛，以免造成更大的麻烦呢？这时，我们不妨来点幽默的方式。此时的幽默不但能缓和紧张的气氛，并且还可以最快、最好地解决问题，使局面重新得到控制，化解我们尴尬的处境。

众所周知，第一次登上月球的实际上有两个人：第一个家喻户晓，名叫阿姆斯特朗，而和他一起登月的还有一个人，名叫奥尔德林。在庆祝登月成功的庆功宴上，有一位记者出乎意料地问了奥尔德林这样一个特别的问题："阿姆斯特朗先下去了，他成为登月的第一人，你会不会觉得非常遗憾呢？"

场面顿时一下子尴尬起来，所有人都屏住呼吸等待奥尔德林的回答。奥尔德林却非常有风度地说："各位，你们千万不要忘了，回到地面的时候，我是第一个走出机舱的。"接着，他环视了一下四周说："所以，我可是由别的星球来到地球的第一人！"大家都被他的幽默语言逗乐了，宴会上顿时掌声如潮。

如果你能幽默地面对尴尬，借着逗笑的调剂，再大的尴尬也能够化解，这就使你能轻松地获得别人的理解和赞许。在一些公众场合，特别是像演说、演唱会这样的场合，舞台上的人受到的是全场乃至场外更多人的关注，所以，他们的形象显得尤为重要。但是在这种场合，也免不了要出现一些意外，让他们陷于尴尬的境地。这就需要他们具有应对突发事件的冷静和智慧，来巧妙地使自己摆脱这种预料之外的尴尬。

有位青年演说家参加演讲比赛，在上台时不慎被电线绊倒了。正在鼓掌的观众们都怔住了，接着哗声四起。然而演说家从容地站了起来，微笑着说："你们的热情鼓掌真的令我倾倒了。"妙语一出，顿时大厅里活跃起来，赞美的掌声响彻屋顶。

在面对突如其来的尴尬场景时，这位青年演说家并没有选择退却，更没有表现出恼怒的情绪，而是非常从容地把自己的跌倒与在场观众的热情联系到了一起。这样，不仅将自己从窘境中解救出来，还从侧面对观众给予了肯定，这句妙语，真可谓是一举两得。

第五章

家庭中的幽默口才

036 幽默让家庭生活更和谐

夫妻间的关系是家庭生活的核心，也是家庭气氛和谐的基础。而这种和谐的家庭气氛，既能加深彼此间的了解，又能使夫妻间的感情更加融洽，且能互相促进事业的进步。明朝皇帝朱元璋的马皇后就是最好的例子。

当时，朱元璋在南京建都，年号为洪武。他本打算在南京郊外的狮子山建一座阅江楼，以此来纪念他统一天下的丰功伟绩。但他又一想，国家才刚刚建立，天下还没完全安定，此时若不顾及百姓与国家去造楼，就显得很不明智。于是，他想借此机会来听听群臣的看法，以从中挑出一些能真正为国家卖力的忠直之臣。谁料想，号令刚一出，就有很多人送上奏章，全是赞成造楼的意见，无一人反对。朱元璋看后，气得大发雷霆："我朝没有人才呀！"马皇后听说后，赶来问："皇上，我大明刚平定天下，忠臣如云，才臣如星，怎能说没有人才呢？"朱元璋将事情的缘由细说了一遍，马皇后听后，会意地笑了，并叫宫女拿来一个方形茶壶和圆形茶杯，亲自倒上水说："皇上您看，这水在方茶壶里，它就是方的；而倒入圆茶杯里，就是圆的。水的本身是没有任何形状的，所以，水的形状是由容器来决定的。"朱元璋想了一下，才悟出："皇后的意思是说，有怎样的皇帝，就有怎样的大臣！"此后，朱家的霸业如日中天，朱元璋也更加宠爱马皇后。

像这种夫妻相助的例子在古今中外屡见不鲜，虽然并不一定都能做到风趣、幽默、机智，但这都离不开夫妻之间的恩爱和明朗和谐的家庭气氛。若缺少了这点，不仅谈不上夫妻间相助，甚至还有可能会“后院起火”坏大事。

一次，苏格拉底正在与一位来访朋友进行交谈，忽然他的老婆闯进来大吵大闹。那位朋友原以为会有一场恶斗，没想到，苏格拉底却像什么也没发生一样。之后，苏格拉底在送朋友出门时，怒气未消的老婆又从楼上泼下了一大盆水，这下他成了“落汤鸡”。此时的苏格拉底不仅不恼，反而不慌不忙地说道：“我早猜到，打完雷会有大雨，果然不出我所料。”

一般人是很难做到这点的，像苏格拉底这样有修养的人寥寥无几，因此现在有修养的人都较为注意，不在外人面前让对方难堪、丢面子。但夫妻之间，在没外人的场合，闹矛盾、起摩擦却是在所难免的，所以，关键就在于怎样处理这些问题。

某新婚夫妇争执不休，妻子伤心地哭起来：“现在我就去收拾东西，去我母亲那儿，永远也不要见到你。”

“亲爱的，那好吧！”丈夫一边说一边掏出钱，“这是我给你的路费。”

妻子接过，数了数钱，说道：“那回来的路费呢？”

这个“回来路费”丈夫是给还是不给呢？但不管怎样，这场争吵都会以喜剧收场。

夫妻间应坦诚相见，不然就会陷入尴尬的境地。来看下面这个故事。

某中年人续弦，新婚当晚，丈夫看妻子满脸皱纹，就问其多大年龄，妻子回答：“我38岁。”

接着丈夫又问：“年庚上写的你是45岁，但我看你却不止45岁，现在我们已经是夫妻了，你为什么不能跟我说实话呢？”

“那好吧，不瞒你说，我已经54岁了。”尽管妻子这样回答，但丈夫还是不信。

晚上上床之后，丈夫忽然起身说：“我要到厨房去看看盐罐有没有盖上，不然老鼠会偷吃的。”

妻子听后，说道：“真是岂有此理！我活了69年，还从没听说过老鼠会偷吃盐。”

《雅谑》中有这样一个笑话：张某晚年丧妻，之后便续娶了祝家的女儿为妻。妻子年轻貌美，与张某怎么看都不像夫妻，于是妻子整天愁眉不展。张某便问：“你是不是嫌我年纪大啊？”妻子答：“不是的。”“要么就是嫌我官职低吧？”妻子又答：“不是的。”张某接着又问：“那究竟是为何呢？”妻子说：“只怪妾身生得太晚，不见张郎年少时。”

妻子这么幽默的回答，大概是为了不伤害年老的丈夫。毕竟，两人能走到一起，都是自愿的，况且，年老的丈夫又没有对不起年少的妻子，又何必去伤害对方呢？

不过，若一方真有过错之处，那就另当别论了。

科恩刚刚结婚没几天就外出经商去了，临别时告诉妻子，每星期会按时寄回生活费。可3个星期过去了，太太并没有收到丈夫寄来的半文钱，于是便打电报催问丈夫：“房东逼租，请速速寄钱。”过了几天，太太就接到丈夫的回电：“近日就汇，我爱你亲爱的，给你100个吻。”可过了一个星期，科恩还是没有寄钱，接着妻子发去电报：“亲爱的，我现在已经不急了，因为我把你给我的那100个吻给了男房东，他说房租再也不用交了。”

倘若夫妻之间已是同床异梦，那么他们就不会再有幽默的沟通，有的只会是幽默讽刺。

037 幽默是婚姻生活的润滑剂

在很多人的心中，都存有这样的观念：幽默是对外用的，是社交场合不可或缺的因素，若是在家里，就应一本正经。

要知道，现代家庭就是一个小社会，哪怕是家里人也需要使用幽默，或是各种调剂，否则家庭生活就会失去活力。

夫妻是家庭的核心，而夫妻和谐则是家庭幸福美满的基础。不要认为相敬如宾、情意绵绵是夫妻间唯一的表达方式，父母和子女之间也不只是板着面孔的严肃和恭敬孝顺的对应。因为，幽默和相敬如宾并不是绝对矛盾，情意绵绵中的幽默同样不可缺少，要知道，缓解矛盾、消除误会，更是幽默的特异功能。

若能将幽默运用得恰到好处，就会使你的家庭充满欢乐，你的生活也就会更加顺利。

传统观念一直提倡夫妻之间要相敬如宾、互相客气，实际上，夫妻之间更应轻松愉快、无所顾忌。因为，家庭生活本来就是产生和培植幽默的广阔沃土。

有这样一对年轻夫妇，老公爱看球赛，妻子爱看电视连续剧，可家中只有一台电视，那该怎么办呢？最后，只能是丈夫让步。不过丈夫还算有心计，平日里只要一有机会，就向妻子灌输一些体育知识，或谈谈球赛趣闻，时间长了，妻子果然对丈夫的爱好产生了兴趣，有时还会和丈夫一起看体育节目，这可真是夫唱妇随啊！结果，妻子在看四年一届的世界杯足球赛时都入迷了，于是他煞有介事地对妻子说：

“看你这么高兴，让我想起了一句老话。”

“什么话呀？”

“知足常乐呗！”

“怎会想起这句话呀？”

“所谓‘知足常乐’，就是在你知道足球以后，就常常乐呗！”

多么富有情趣的调侃啊！这样的生活才是丰富多彩，阳光无限的！

其实，夫妻之间难免会有磕磕碰碰，要知道，生活有变化起伏才不会显得那么平淡和死板。关键就在于怎样巧用幽默，让生活充满更多的欢笑，且在矛盾发生时，尽快熄火降温。

夫妻之间，一辈子没红过脸不见得就是好夫妻，但若各不相让就难免会话赶话没好话。

有这样一对中年夫妇，他们经常会为一些鸡毛蒜皮的小事吵得面红耳赤。后来，不知丈夫从哪学来一个绝招，每当双方争执不休时，他就会从衣兜里掏出一张小卡片送给妻子，上面分别写着“对不起”“别生气”“笑一笑十年少”“宝贝，我爱你”“不怕老婆就不是男子汉”，每次妻子看后都破涕为笑。

婚后的家务事也是引发夫妻争吵不休的原因之一。有的丈夫太过懒惰，哪怕工作不忙，也不肯帮妻子动手做家务，对此，妻子可以运用幽默来刺激丈夫。

对久坐不动的丈夫，妻子可以说：“今天晚上的菜，你可以有选择。”

“真的吗？都有什么菜啊？”

“炒番茄。”

“别的呢？”

“没了。”

“那你让我选择什么？”

“吃或不吃。”

现如今，随着时间观念的加强与生活节奏的加快，人们的工作都很忙，且夫妻在一起的时间也少了。此时，若不加强彼此间的交流，时间长了便会产生隔阂。因此，不如在家准备一本留言簿，将你对她（他）的爱与关心用幽默的方式表达出来。

某天，清早要出门的丈夫给妻子留言：“天气预报，也可能是虚假广告。天亮时会有雷声，预计天公会开动流水线……我已将小天空折叠在你包里了。”

试想一下，当妻子撑开折叠伞在雨中行走时，是否会感到这头顶上的小天空就是爱的延伸、家庭活动的屋檐呢？

两个相爱的人能走到一起并结为夫妻，其实这只是漫漫长路上的一小段，因为幸福的婚姻是需要两个人共同精心呵护的。所以，每对夫妻都应该让幽默趣味在自己创造的形式里流动，使家庭的土壤开出趣味之花。

038 幽默能钝化夫妻间的锋芒

社会是由无数个独立家庭组成的，而夫妻无疑就是家庭的核心，夫妻和谐则是家庭幸福美满的基础。因此，只有让每个家庭都处于健康和谐的状态，社会才会更加稳定、平和。

夫妻之间相敬如宾、情意绵绵固然令人羡慕，但若能在此基础上再加上幽默的成分，那就会起到锦上添花的作用。

夫妻生活中，妻子对丈夫的态度与方式，会直接影响到丈夫的生活态度、工作状态及自信心状况。

难怪很多企业家会这样说："假如我们想提拔某个人，那么就会先调查他的妻子。"

当然，这并不是说要调查他的妻子是否长得漂亮或会不会做菜，而是调查他的妻子是否能使其充满自信。

一些企业老板说："妻子不仅要接受丈夫的一切，还要让丈夫的生活愉快，感到满足，且在丈夫回到家里时，替他装上自信的弹丸。这样一来，丈夫会想：'她如此支持我，可见我在她心中是有一定地位的，并不是一文不值。'因此，妻子若能爱丈夫，且信任他，他就会有'我一定能够做好一切'的自信，便能自信地接受任何挑战。"

一个能宽容自己丈夫的女人，也一定会倍加关爱丈夫。相反，假如妻子整天抱怨、唠叨，那她的丈夫就不会有斗志面对自己的工作与事业，还会因此失去自信心，并且随着自信和自尊的渐渐消逝，丈夫对待妻子的态度也会趋于冷淡，甚至导致夫妻间发生情感危机。

一位人事部经理对他的新雇员说："你的这份表格填得很不错，但有一点，在填写和妻子关系一栏里，你应该填'夫妻'而不是填'紧张'。"

其实，**消除家庭紧张关系的方法有很多，幽默就是最好的选择**。很多时候，幽默是缓解家庭矛盾的最好解药。

一对男女结婚多年，从没有发生过一点冲突。一天，妻子对丈夫说："你怎么总对我那么好啊？"

丈夫回答："和你结婚前，我曾请教过牧师，问他为什么对妻子那么好，他告诉我：'不要去批评你妻子的缺点或是责怪她做错的事。你要知道，就因为她有缺点、会做错事，所以才没有找到更理想的丈夫。'对他的这句话，我始终牢记着。”

丈夫所引用的话，意思就是说，要想成为妻子的理想丈夫，就不能随意地去批评妻子，这样夫妻之间才会恩爱有加。

现如今，每对夫妻都有自己的事业与社交活动，且很可能都处于独立的状态，因而谁来做家庭的主导者就成为日益突出的矛盾，而这个矛盾会使彼此心灵之间的距离愈来愈远。但是，想解决它并不难，只要运用幽默，就能起到特殊的效果。

从某种角度来说，女人的统治欲望与虚荣心相对来说要比男人更为强烈，因而在家庭中女人常常是处于主导者的位置，不管是普通主妇还是伟人的夫人都无一例外。

彼得在当匹兹堡市市长时，有一天，他与妻子兰茜去视察一个建筑工地，忽然一位建筑工人冲他们大叫起来：“兰茜，还记得我吗？读高中时，我们经常约会！”

之后，彼得嘲弄地对妻子说：“你应该庆幸，嫁给我算是你运气好，要不你现在就是建筑工人的老婆，而非市长夫人。”

兰茜则说：“你更应该庆幸你是跟我结了婚，不然，匹兹堡市的市长就该是他了。”

同样，在我们周围常常会有一些被称为“妻管严”的丈夫，他们之所以这样，完全是出于对妻子的宽容和爱护，却因此被他人讥笑。而这种感觉终究是不好受的，那怎样巧妙运用自嘲的方法，才不会造成难堪的局面呢？

妻子说：“你平时在外面都很少喝酒，怎么在家就拼命喝呢？”

丈夫说：“听说酒能壮胆。”

而对于那些有幽默感的人来说，他们是不怕在众人面前表现出自己“怕老婆”的。不妨看看下面两人的对话。

A：“你在公司都负责什么事啊？”

B：“在公司我是头。”

A：“这我倒是相信的，那你在家里呢？”

B：“当然也是头。”

A：“那你夫人呢？”

B：“她啊，她是脖子。”

A：“为什么呢？”

B：“因为头要想转动，得听脖子的。”

如此巧妙的回答，不仅能令人捧腹大笑，同时也间接地暗示出他对婚姻的满意，假如他的夫人真的像传闻的那样，那他就可能自我调侃不起来了。因此，人的精神状态好坏对发挥幽默是十分重要的。

当妻子因丈夫的某些不良行为而大发雷霆的时候，丈夫可以运用巧妙的幽默将这场暴风雨化解于无形之中，从而确保夫妻之间的良好关系。

有个酒鬼在外面喝多了酒，很晚才回家，但他忘了带钥匙，无奈之时，只得敲门。

妻子怒火冲冲地打开门说：“抱歉，我的丈夫不在家。”

“那好吧，我明天再来。”

话说完，酒鬼装出转身要走的样子。妻子嗔怪一声，就把酒鬼丈夫拉进了屋。

此时，丈夫的幽默让妻子转怒为笑，以此来诱发妻子内心深处对丈夫的怜爱与尊重。这样夫妻两人就不会再抓住喝酒的事不放，而是去享受彼此之间的幽默情感。

丈夫用幽默调侃的语言，婉转、迂回地回答妻子所提出的问题，也是化解尴尬事件的秘诀。

有个妻子问丈夫："我跟你结婚，你猜有多少个男人在失望？"

丈夫回答："或许只有我一个吧？"

对一些丈夫来说，直率地回答妻子所提出的问题是很为难的，若答不好就会使双方感到不快，所以，此时最好的办法就是使用幽默的话来回答。

一天，有个身怀六甲的妻子指着自己的肚子，向丈夫提出一个很伤脑筋的问题："能不能在孩子刚出生时，就看出他长大后的样子啊？"

丈夫想了一下，说道："这还不简单。假如是个女孩，那长大一定是个女人；若是个男孩，那长大一定是个男人。"这位丈夫的回答可谓妙趣横生，将妻子原本问的意思转移到了男女性别问题上，从而转化成一个很容易回答的问题。

但幽默的产生是要有适宜的环境与必要的条件的，同时还需要夫妻之间有一定的度量，这样一来，幽默才会发挥作用。

有对夫妻吵架，妻子哭着喊着要和丈夫离婚。去法院的路上，他们要经过一条小河。到了小河边，丈夫快速脱下鞋子走到水中。妻子却一动不动地站在岸边，看着冰冷的河水，正愁怎么过去。此时丈夫回过头体贴地对妻子说："我还是背你过去吧。"

丈夫背妻子过了河。没走多远，妻子说道："算了，咱们还是回去吧！"

丈夫十分诧异："为什么啊？"

妻子低着头说："离婚回来，谁背我过河啊？"

通常在家庭中，妻子总会承担大部分的家务劳动，似乎这些都是妻子分内应该做的事。但话又说回来，丈夫也是家庭中的一分子，理应分担一些家务，可由于传统观念的影响，有的丈夫在家是什么都不做的，此时聪明的妻子就可以用智慧与幽默使其毫无怨言地加入家庭劳动之中。来看下例。

妻子说："老公，你能把昨晚换下来的衣服洗洗吗？"

丈夫说："不行，我还没有睡醒呢！"

妻子说："其实，我只不过是想考验一下你，衣服早都洗完了。"

丈夫说："其实，我也不过是和你开个玩笑，我非常愿意帮你洗衣服。"

妻子说："呵呵，我也是和你开玩笑的，既然你那么愿意，那现在就请你赶快洗去吧！"

而此时，丈夫就不得不佩服、欣赏妻子的幽默与情趣，从而高高兴兴地去干不愿意干的家务。

当然，假如妻子已经把衣服洗了，那幽默感就会更强，丈夫会因此而受到感动，往往会主动帮妻子做家务，这次事件带来的不仅不是烦恼，反而会是一种快乐。

在我们周围，常常会听到有人说："家其实就是吃饭、睡觉的地方，和旅馆没什么区别！"这样的说法绝对是不正确的，因为旅馆里不会有家庭里的幽默。

一天，约翰再也无法忍受妻子无休无止的唠叨，便打算到旅馆去住几天。旅馆的老板热情地接待了他，并亲自将他引到一间房门前。

"先生，我可以向您保证，您住在这里绝对会有一种家的感觉。"

"哦，天啊！你快点给我换一间吧！"

这个幽默说明没幽默的家庭还不如一间旅馆。

夫妻间的任何一方，若能用这种幽默的语言、行动与态度来对待家庭中的另一个人，就会使你的家庭远离无休止的争吵，远离沉闷压抑的冷战和空穴来风的猜忌。幽默好比是家庭生活中的润滑剂，能让家庭永远沐浴在春风细雨中，从而使夫妻间的关系更加和谐美好。

039 巧妙设计制造幽默

其实，人与人的对话就像下象棋，不能只顾眼前这一步，而应把眼光放长远些。要以正常的故事为车头，并在恰当的时间内故事戛然而止，令人回味无穷。

学会巧妙设计幽默，是一件非常需要功力的事。而这种幽默技巧的重点就在于最后一句话，也就是“包袱”所在。要以四两拨千斤之势撩动对方的笑弦，以此来达到掷地有声、一鸣惊人的效果。甚至还有很多人，说出的话语能够让人在笑过之后，余音绕梁，三日不绝于耳，令人十分回味。

邻居A：“请问，今晚我能借用一下你的电唱机吗？”

邻居B：“没问题。你是想听音乐吗？”

邻居A：“哦，不是的。我只是想今晚安静一下。谢谢！”

很显然，这位邻居A是备受邻居B家里的电唱机所带来的折磨，考虑到邻里关系的和睦，便出此“下策”。这样一来，对话中思维方向的突然转换，便造成了绝佳的幽默效果，不光杜绝了噪音的“声源”，还从根本上解决了问题，暗示了邻居对自己所造成的困扰。通常，制造笑料的目的都是为了解决问题，而不是为了空洞的笑话。

此外，设置“套子”制造的幽默是要有故事情节的，一般也是事先预谋的，其目的是为了找到更加适当的表达方式，来陈述想法、解决问题。来看下例。

妈妈说："你父亲看见他的眼镜打碎了，有没有说什么？"

儿子说："妈妈，我是否该省掉那些脏话？"

妈妈说："好吧。"

儿子说："那他什么话都没有说。"

不难看出，前面的对话是为后面的"突破"做铺垫的。通过运用这种委婉的方式，人们就能更方便地说出某人的"坏话"，这无疑是在合理的故事之外增添了一个"貌合神离"的尾巴，而这个尾巴一般都是幽默的点睛之笔。

当然，下"套子"的目的是为了能够击退"敌人"，从而达到自己的目的。例如，诸葛亮草船借箭，此计就是借敌人之箭，来完成自己的任务。下面的这个事例也显示了怎么利用"敌人"的缺点"设防"。

女儿说："爸爸，我们剧团的一个女演员爱上了一个男清洁工。"

爸爸说："这是一条很好的新闻，我马上去采访。"

女儿说："你们这些记者就是爱大惊小怪，姑娘爱上小伙子有什么好采访的啊！"

爸爸说："你不知道，现在门当户对这些旧的传统思想还有市场，所以，像这种敢冲破旧观念的好姑娘，我应该好好报道一下。"

女儿说："爸爸，谢谢您能为我感到这么骄傲。这个女演员就是我！您能同意我真的很高兴。"

女儿先是投石问路，然后再设"套子"，而这个"套子"则是她和爸爸一起创造的（这源于她对爸爸的深入了解），利用这一点，让爸爸说出本应由自己陈述的理由。这样做虽然可能不会马上就解决所面临的实际问题，但通情达理的父母会在笑过之后认真考虑女儿的一片苦心的。

还有一个事例，也能让人有所顿悟。

儿子考试没考好，丈夫看后破口大骂："妈的，真是个笨猪！"

妻子听后，非常平静地对丈夫说："老公，你最近好像有特异功能了。"

丈夫十分奇怪地问妻子："有吗？何以见得？"

妻子说道："我刚刚看到，从你嘴里吐出那么一个庞然大物来。"

由上可见，要想达到"诱敌深入"的目的，就必须有足够敏锐的思维，也就是说，必须在对话时学会提问，并给对方回答问题的机会，以借助问题形式来把对方引入"瓮中"，接下来的一切，也许就会水到渠成了。

040 用幽默来表达对亲人的不满

生活中，很多人都爱开妇女的玩笑，例如，形容女人爱花钱，且爱迟到，就会说："我的太太只有一件事会准时，那就是买东西。"

关于隐瞒年龄，有人就会说："我太太说她28岁生日快到了，但她面对的却是相反的方向。"

关于保密有人会说："谁说女人不会保守秘密，只不过是需要保密的女人更多罢了。"

男人呢？当然也有很多这方面的幽默。比如，如果男人粗心大意，不体贴女人，太太就会抱怨丈夫——

"你太沉迷于高尔夫球了，竟连我们的结婚纪念日都不记得了。"

“我当然记得啊！”丈夫抗议，“就是我挥出三十五尺一杆进洞的那天。”

对漫不经心、不懂得欣赏的男人，女人可以说：“5年以来，我老公从没好好看过我一眼。要是以后我有什么三长两短，恐怕他都没法去认尸。”

要知道，角色的对调往往能激发我们以新的方式来发挥幽默力量。生活中，每个人都难免会对亲人有一些看法，有时是好的看法，有时则是不好的。因此，**当对亲人表达不好的看法时，若采用直言不讳、言辞激烈的方式，就有可能会伤害到对方。若能将话语制成“糖衣炮弹”，以幽默的方式送给对方，并对其缺点进行善意的揶揄和有节制的讽劝，那就既不会伤害到彼此间的感情，又能让对方心甘情愿地改正错误，同时还可以增加趣味的成分，收效肯定会比直言不讳强。**

下面请看这位丈夫是如何巧妙借机批评妻子爱唠叨的。

妻子正在厨房炒菜，丈夫在一边唠叨不停：“慢些，小心！火太大了，赶快把鱼翻过来！快铲起来，油放得太多了！把豆腐整平一下……哎哟，锅子歪了！”“闭上你的嘴！”妻子脱口而出，“我知道怎么炒菜……”

“你当然知道！亲爱的，我只想让你知道——在我开车时你在旁边喋喋不休，我是什么感觉！”丈夫答道。

对妻子的爱唠叨，丈夫并没有直接表达，而是以幽默的方式来对妻子进行批评，让其从同类事件中换位思考，从而使她在回味之余，更容易接受丈夫的批评，从而加以改正。

在日常生活中，很多琐事都会引发大动干戈，其原因之一是双方的话中都缺少一种幽默成分。**若能在批评亲人时采用幽默的方式，那就能事半功倍。**来看下例。

妻子已有两个星期没打扫卫生了，为此，丈夫对妻子的懒惰与邋遢非常不满，便对妻子说："亲爱的老婆，上周你的工作很忙，都没时间做家务，假如这周你仍然很忙，那我还可以再替你做一周家务。"

用这种方式，就比严厉地指责她的懒惰和疏忽大意来得轻松些，也更易被对方接受。

几乎所有的男人都不愿扮演这样的父亲：自己将啼哭的婴儿抱在怀里，在客厅里来回走动，而母亲却在卧室里睡觉。

脾气暴的男人也许会冲着卧室喊："从来没人问我，怎样能让婚姻和事业兼顾！"

其实，懒惰的并不只是妻子。婚后的家务事多了，有的丈夫非常懒惰，即便工作不太忙也不肯帮妻子。面对这种情况，妻子可以用幽默的方式来讽刺丈夫。

有一对年轻夫妇，女的叫玛丽，男的叫约翰。他们购买了一批郁金香球茎，计划在秋天种植。玛丽曾多次提醒约翰去种球茎，但约翰总是一拖再拖，最后她只好自己种了。

到了春天，郁金香长出来，开出了各色的花，玛丽设法将这些花拼出了"懒惰的约翰"字样。约翰见后，羞愧不已。

假如妻子将丈夫管得太严，那么丈夫往往会感到很不自在。

一位已婚朋友，计划了一次到"千岛"的单身旅行，妻子的反应却令他感到不快。

于是他当着妻子的面对来家里做客的朋友说："她没有说不准我去，只是让我在每个岛上待一个星期。"

小气的妻子常常会将家里的财物管得很严，在此情况下，丈夫就会觉得很不方便，此时要想表达自己的不满，可向下面的这个男人学习一下。

儿子对父亲说："爸爸，阿尔卑斯山在什么地方？"

父亲漫不经心地回答："问你妈去！她把所有东西都藏起来了。"

下面这个幽默也非常有趣。

有一位先生，他在回家时装作气喘吁吁的样子，却得意扬扬地对妻子说道："我是一路跟在公共汽车后面跑回来的，这次我省了一块钱。"

他的妻子笑着说："那你为什么不跟着计程车跑，那样就能省下五块钱！"

从这个幽默故事中可以看出，丈夫的话是假的，他要表达的是妻子在经济上对他管得太紧了，他只好省钱跑回家。其实妻子也明白丈夫的意思，但在谈笑时，同样以幽默的语言回避了丈夫的话。

幽默是一种非常灵活的语言艺术，它能既明确又温和地表达出我们对他人的看法，使其心平气和地了解到我们不同的想法，从而使他们重新审视自己，并改正自身错误，弥补自身缺陷。

041 曲解幽默——犯错时的智囊

所谓"一日夫妻百日恩"，夫妻之间大多不会刻意计较对方，也不会在意对方的借口是否恰当。所以，巧用一些听起来荒唐的幽默理由为自己辩解，要比一声不吭明智得多。

要知道，**家不是讲理的地方，夫妻之间不需要过多的严肃、认真和正经的是非理论，反而是嘻嘻哈哈、胡说八道的歪理幽默必不可少。**在多数幸福的家庭里，妻子或是丈夫恰恰是凭歪理、胡言的曲解幽默赢得了对方的欢心。

所谓的曲解，就是用一种轻松、调侃的方式，来对某个问题进行歪曲、荒诞的解释，并将两个或多个意义上无关的东西联系起来，形成一种不合情理、不和谐、出人意料的效果，产生幽默感，在笑语中强化关系。

有一天，妻子嘟囔着对丈夫说："你看看隔壁家的先生，每回出门都吻他的妻子，你就不能学学人家？"

丈夫说道："当然可以呀！不过我现在和他家太太还不算太熟。"

妻子说："那你还记得今天是我的生日吗，为什么不给我准备一个礼物呢？"

此时，丈夫才意识到自己的粗心大意，但是他立刻说出了一句漂亮的话："亲爱的老婆，我原本不打算让你想起自己又老了一岁的。"

虽然幽默诙谐的语言不足信，却能在一定程度上消解妻子的怨气。

家庭是男人与女人用爱情建立起来的，同时又要靠爱情来维系的栖息地。夫妻之间的是非恩怨，不是只靠某种道理就能讲清的，因此，夫妻之间的某些行为也就不能轻易地用是非对错来判断，此时，歪理往往能产生幽默效果，缓和矛盾。

比如，妻子瞪着眼对丈夫说："我一见到你就来气！"

丈夫慢条斯理地说："那太好啦，我练了一年的气功还没找到气感呢，没想到是你把我身上的气都吸去了。"

这位丈夫很巧妙地把生气的"气"换成了气功的"气"，以此来逗妻子，使其"气"消失在笑声里。

再如，一位新娘子不小心将贝多芬石膏像掉在地上，摔掉了一只耳朵，新郎刚要责备她，新娘子笑着说："哎哟，反正贝多芬先生是聋子，耳朵也不过只是个摆设，留着也没什么用。”这句话使新郎笑了起来。

其实，**只要热爱生活，在生活中善于观察，并珍惜夫妻之间的感情，幽默便会随之而来。**

042 吵架时的幽默智慧

夫妻两人最好掌握点幽默技巧，这样才可以将日常生活的“吵斗”化为“吵逗”。当两人吵到一定程度时，假如一方投之以幽默，另一方也报之以幽默，那样就可以使矛盾得以化解、平息。

争吵是一门艺术，适当的争吵是婚姻别具风味的调料，而没有争吵的家庭则是缺乏个性的拼凑。

有时，夫妻两人的意见会有不同，发生争吵是难免的，但一定要注意争吵的方式方法，尽量不要让争吵破坏夫妻之间的感情。不会争吵的夫妻，往往是每天哭丧着脸或吵得邻里不安；而会争吵的夫妻，则能将怒火化为笑容，就算是吵也吵得富有情趣。

比如，妻子很想买一件衣服，但丈夫陪她从早逛到晚也没看到中意的衣服。每当妻子征求丈夫意见时，丈夫总会心不在焉地说好看。

最后，妻子很不耐烦地说：“你这个人就是这样随便！”

丈夫见妻子生气了，连忙说：“当初我就是这样随便挑上你的，你可是精挑细选选上我的。”

丈夫将妻子对自己说的“随便”转化为妻子当年“精挑细选”的结果，如此巧妙的幽默，既保全了彼此的面子，又不会让“战争”升级。

一位丈夫觉得在家很憋闷，于是常常出去和朋友打牌聊天。有一天，丈夫回来晚了，妻子和他争吵了起来。

妻子说：“刚结婚时，你不是说在家很幸福，看见我就像看见了全世界吗？”

丈夫答：“不错，我是这样说过，但那时我对世界还不熟悉！”

运用幽默的方式，实际是在给对方一个台阶、借口，要知道即便是夫妻之间，也是十分需要这种台阶的。

当夫妻双方发生争吵时，若能运用幽默，不仅能化解正面的语言冲突，同时还能避免双方的激愤，防止更大的冲突。夫妻间运用幽默，最好能带些感情色彩，并蕴含爱意，这样能更容易打动对方，获得良好的效果。

一位妻子匆忙出门之时忘记封好炉子，待到回来时，炉子已经灭了。丈夫到家比她早，见此情况火冒三丈，妻子刚进门他就生气地喊道：“你真是粗心，连个炉子都弄不好。”

妻子十分平和地笑着说：“火什么？你的火再大也点不着炉子。”

丈夫听后，脸上的肌肉一下松弛了，但仍怒气未消地说：“你说说你，要是没我，恐怕连饭都吃不上。”

妻子又说：“所以我才找你做我的丈夫啊！”丈夫“扑哧”一下就笑了。

妻子很巧妙地把“发火”和“点火”混同起来，此时，丈夫就算有再大的火，也不好意思再向妻子发作了。

正如俗语所言，“一日夫妻百日恩，吵架那是感情深”。吵架作为夫妻间日常交流的一部分，愈来愈多地影响到家庭生活的质量，但要知道，恶言恶语只会让彼此间的感情在争执中流失，只有幽默智慧的“吵逗”才能愈吵愈了解对方，且加深彼此之间的感情。

043 让孩子成为家庭幽默的主角

孩子是家里的天使，他们总能给家庭带来无穷无尽的欢乐。

其实，**孩子在很小的时候就已会用幽默的力量来进行沟通，并以此来达到自己的目的。**有的小孩为了得到某些东西，会故意向父母要一样自己不想要、也不可能得到的东西，然后在遭拒绝后再提出真实要求。

例如，有个小孩对他的朋友说：“我妈妈不让我养小狗。”

他的朋友说：“你不能这样直截了当地去要。应向你的妈妈要个小弟弟，这样她就会给你买只小狗。”

似乎有的小孩子更知道幽默的作用，甚至还能用幽默的方式来逃避父母的责罚。

有位父亲怪女儿太吵，便责骂道：“你不是答应过我要保持安静的吗？不安静，就要挨打！”

女儿对此表示同意，说道：“是的，爸爸，但我没有遵守诺言，因此你也不用遵守诺言。”

一定要记住，不要轻易责罚自己的孩子，要多用幽默的方式来对待他们。

一位妻子说：“我们的孩子做事一点都不靠谱，以后他要做什么职业才好呢？”丈夫回答：“很适合去气象台当天气预报员。”此话虽有些无奈，却不失幽默感，或许这更有利于孩子改掉“做事一点都不靠谱”的毛病。

孩子犯的“错误”，也许在成年人看来是很“低级”的，但不要嘲笑孩子，说不定这正是孩子发挥想象力的途径。孩子的想象力本身就是一种很宝贵的财富。

另外，孩子是天真无邪的，大都没有成年人那么多“九曲回肠”，因此，大人所做的一些事情，还是应回避小孩为宜。

例如，孩子问：“妈妈，天使是什么啊？”妈妈回答：“长着翅膀，并能在天空飞的就是天使。”孩子又说：“真是奇怪，昨天爸爸对女仆说：‘你就是我的天使。’可她并不会飞啊？”妈妈说道：“今天我就让她飞走！”

孩子说的这番话本是无心的，但妈妈会很伤心。因此，在孩子的面前，父母一定要给孩子树立一个好榜样，不然就会对孩子的教育产生不利影响。

儿子和小朋友打架，为此，父亲十分恼火，伸出手就要打：“这么小点就打人，看老子今天不打死你！”儿子连连求饶。父亲又问：“以后还打不打人？”儿子哭着说道：“以后不打了，等我长大后当爸爸了再打人……”

虽然父亲在口头上说“不许打人”，但自己打儿子的行动又表明“打人是被允许的”，于是，父亲言与行的自相矛盾只能灌输给儿子一个观念：只要“长大后当了爸爸”，就能随便打人。

梁启超是近代史上的一位巨人，他的聪慧早在幼年时期就已表现出来，而这正是得益于父亲对他的正确教育。

梁启超10岁时，一天，他随父亲到朋友家去做客。刚进院里，他就偷偷将一枝蓓蕾初绽的杏枝折下，掩在宽大的袖袍里。没想到他的这一举动正巧被父亲和朋友的家人看见。父亲虽平时教子甚严，此时却不便当面指责。之后，酒筵上父亲总为儿子的这件事惴惴不安，并不动声色地暗示儿子。梁父当众说："开宴之前，我先出对联，若谁能对出下联，方可举杯畅饮，要不就只能为长辈斟酒沏茶，不准落座。"梁父略加思索后，做出上联："袖里笼花，小子暗藏春色。"顿时，梁启超心中一凉，有所领悟，但他也并未失色，随口就对出下联："堂前悬镜，大人明察秋毫。"

父亲面对儿子的不雅之举，不是当面点破，而是采取了文雅、含蓄的方式来对其表示批评。此举可说是一箭三雕：既暗示出批评，又不让孩子当众出丑，同时还显示了严格的家教。

当然，我们不能要求每位父母都像梁父一样"饱读诗书"，但有一点不难做到：**用幽默的态度、方式对待孩子，并帮助他们克服自身的缺点，使错误得以改正。**

044 长辈对晚辈的幽默

父母总是喜欢孩子的，无论孩子成就多大、本领多强，负责任的父母若一旦发现苗头不对，都应该及时指出。

一位企业家得到过各种国际大奖，在她的事业达到巅峰的时候，有一天陪同其母亲到一家五星级的饭店用餐。

现场有一位技艺高超的萨克斯手正在为大家演奏。

企业家聆赏之余，想起当年自己也曾学过萨克斯，而且几乎为之疯狂，便对母亲说："做企业没劲透了！假如当初我好好学萨克斯的话，现在也许就可以在这儿演奏了。"

"是呀，孩子，"她的母亲说，"不过如果那样的话，你现在很有可能就不会在这里用餐了。"

在现代家庭中，很多年轻的夫妻都习惯将孩子交给爷爷、奶奶，或是外公、外婆来带。这时，长辈对晚辈的一些不好直接言说之事，就可以使用幽默来应对。

有一位老人有4个孙儿女，孩子们经常被送来交给她照管。

她对儿子和儿媳说："孙儿们在我这里，会带给我双重的快乐！"

儿媳问："怎么说呢？"

老人说："他们来时，我很高兴；他们走时，我也很高兴。"

这位老人用幽默、含蓄的方式表达了她对儿子、儿媳不照看孩子，而是总将孩子交给她来照管的不满。

在家庭成员的角色中，岳母往往会被塑造成某一种刻板类型，她们自己也很清楚这一点。

有一个女人，她的女儿刚刚结婚不久，且是嫁到外地。有人问她："你不去看看女儿和女婿吗？"

她幽默地答道："现在不去，我想等他们生了小宝宝以后再去。因为我觉得祖母要比岳母更受欢迎！"

她将自己的想法幽默地表达了出来。要想营造两代人之间和谐融洽的关系，首先就要加强彼此间的情感交流。然而，一些做父母的为了在子女面前保持威严的形象，总是表现得不苟言笑，更不用说对子女表达自己的爱意了。

其实，作为父母，你应告诉自己的子女你很爱他们。

1853年，小仲马的话剧《茶花女》初演便受到热烈欢迎。于是小仲马立刻打电报给流亡在布鲁塞尔的父亲大仲马："巨大，巨大的成功！正如我看到你最好的作品初次上演时所获得的成功那样……"

大仲马十分风趣地说："亲爱的孩子，我最好的作品就是你！"

大仲马直截了当地告诉小仲马"你就是我最好的作品"，一下便拉近了父子之间的距离，从而也加深了彼此之间的感情。

此外，长辈对晚辈除了运用这种平和的幽默方式，还可运用一种"打是亲、骂是爱"的幽默方式。来看下例。

艾科卡在里海大学读书时，是800多名毕业生中的第11名，毕业之后又被送去攻读硕士生，并如愿以偿地去了福特公司。为此，他父亲十分高兴，说道："你在学校读了17年的书。如今，考不上第一名的笨蛋，现在是何种情况？"

父亲在笑骂中表现出自己对儿子如今的表现与成就的满意和自豪，且对儿子的未来充满了信心。

其实，**父母对子女运用幽默的机会有很多，关键就在于要有一种平等的观念与态度**。尽管父母对孩子拥有监护权，有责任和义务去管教，但关键是要让孩子明白事理。要知道，打骂、训斥不仅达不到教育目的，还会伤害子女的自尊，使其产生逆反情绪，这样就更不利于子女的成长与发展。此时，可运用幽默的方式对其进行教育。请看看下面的事例。

有一家人在吃饭时，儿子感慨地说："外国人就是比中国人文明，用餐就能体现出来。看人家外国人用的都是金属刀叉，而我们中国人用的却是两根竹筷子，这明显是缺少分量。"

父亲听后很生气，但他并没有发火，说道："这个问题很好解决。"

随后，父亲拿起夹炭用的火钳，塞给儿子说："那你用这个吃吧，也是金属的，分量也肯定够！"

这位父亲并没有直接训斥儿子崇洋媚外，而是巧用幽默来对儿子进行曲意的批评，从而使其更易于接受。

有时，长辈对晚辈的幽默还会带有溺爱色彩。例如，山东一带的长辈总习惯这样和男青年开玩笑——"长大了，给你找一个小脚大耳朵的婆娘"，实际上"小脚大耳朵"指的就是猪。四川一带孩子的长辈会对小子说——"等你长大了，给你讨个漂亮的老婆，西瓜脑袋蒜瓣脚"，这指的就是猫。但不管是通过怎样的方式，长辈对晚辈的幽默都应表达出一种深切的爱。

045 晚辈对长辈的幽默

有些家庭可能由两辈人组成，有些家庭可能只有一对同辈人——夫妻，但也有的家庭很可能是由三辈人或是三辈以上的成员组成。这时，同辈间或长辈对晚辈运用幽默的情况就会较多，但晚辈也能用适当的方式对长辈进行幽默。

一位画家很希望儿子继承自己的事业。他要求儿子学习画画，可是儿子已经另有志向。时间长了，父子之间不免有磕碰。直到儿子16岁，父亲依旧固执地强迫儿子按照自己的想法做，这使儿子苦不堪言。

一天，儿子拿着一张白纸递给父亲，并说已画好了。父亲疑惑不解地问："画呢？"

"在纸里，你能看到一匹马正在吃草。"

"草在哪里？"

"被马吃光了啊！"

"马呢？"

"吃光草后，就走了。"

于是画家笑了，此后便不再强迫儿子画画。

鲁迅说过这样一句话，不在沉默中爆发，就在沉默中灭亡。试想一下，如果儿子将自己对父亲的不满强忍在心里，那么，时间长了，就会积累成怨恨，致使父子关系崩溃；若儿子采取过于激烈的反抗方式，也会导致父子关系不合。因此，**晚辈对长辈适度的幽默有益于双方的沟通与相互理解。**

不妨再来看看下面的事例。

有一天，农村有位妈妈让儿子把他的女朋友叫来家里吃晚饭，但儿子见妈妈做的菜少，怎么也不肯去。随后，妈妈打开冰箱拿出刚刚从超市买来的烧鸡，儿子马上跑出门，要骑车去叫女友。妈妈疑惑不解地问："主意怎么变得这么快？"儿子回答："这叫随'鸡'应变啊！"

这个小幽默故事，很好地体现出母子关系的融洽。

要知道，家庭成员大多是有血缘关系的，而血缘关系是爱的存在基础，所以，家庭幽默总会以这种血缘爱为形成源。来看下面孙子与祖母的对话。

孙子非常爱吃祖母做的包子，却对她焖的米饭很失望。因此，他幽默地对祖母说道："奶奶，您做的包子馅很多，特别好吃，我看到它就流口水。"

祖母听后十分高兴地说："那是，我做包子可是有好几十年的功夫了。"

孙子又说："奶奶，您焖的米饭更好吃，可以给它取个好听的名字，就叫'三层饭'吧！"

祖母十分不解地说："'三层饭'是什么意思啊？"

孙子笑了："上面烂，中间生，底下焦，这不正好'三层'吗？"

祖母笑着打了一下孙子的手心："你这小嘴，还挺会笑话我呢，咱们北方人本来就不太会焖米饭。"

在这段对话中，既富有生活气息，同时又增进了祖孙之间的感情。诚然，由于长辈和晚辈出生年代、年龄、知识结构上的差异，以及对事物看法的不同，因此彼此观念不太一样。对此，晚辈千万不要觉得长辈啰唆、迂腐、僵化。**作为晚辈，当你不理解长辈的意思、不同意长辈的看法时，不妨用幽默的方式来表达自己的不同意见。**但是要记住，不论怎样，首先要处理好与长辈的关系，要有一颗尊敬长辈的心。

046 柴米油盐皆可幽默

一对男女从相识到相爱，再到一起走入婚姻的殿堂，这一过程往往是两人一生中最幸福、甜蜜的时期。但走进婚姻后，由于两人不同的生活背景、成长环境，以及锅碗瓢盆、柴米油盐等家庭中的一些琐事，常常会使婚后生活变得平淡乏味，这就可能和恋爱时的浪漫激情形成鲜明的反差。

实际上，这只不过是一些表象而已，其内在的根源在于夫妻两人的心态都发生了变化，因为双方对彼此过于熟悉才使得生活变得乏味。**假如夫妻两人都能改变心态，且用心观察生活，那么生活中的任何事情都有可能成为幽默的素材，从而给夫妻生活增添新鲜的味道。**

对大多数家庭来说，生活是离不开厨房的，厨房里的很多事都能引发幽默。不妨来看看下面这则和厨房有关的幽默事例。

丈夫问：结婚纪念日我们要去哪里啊？

妻子答：去我没有去过的地方吧。

丈夫说：那就去厨房吧。

当然，夫妻之间的幽默还可以借助一些生活中的其他事物。

“泡泡糖的最大好处，就是当你嚼着它时，孩子没法问你问题。”

“我会尽量帮你调出你要的颜色。但油漆店里的人告诉我，当丈夫订购了特别混合的颜色时，必须有妻子签名的同意书。”

“旧货拍卖就快结束了，但让人泄气的是，有很多东西还没卖出去。所以，我又贴了一张字条，上面写着：‘欢迎大家顺手牵羊。’”

幽默不是年轻夫妻专有的，老年夫妻同样可以在日常生活中用琐事制造幽默。

有一对非常穷困的老夫妻，经常挨饿，最后实在无计可施，老头儿就对老太太说："老伴儿，咱们给上帝写封信，让他帮帮我们吧！"

老太太极力赞成。于是他们坐下来给上帝写信，求上帝帮忙。写好信后，他们签了名，写上地址，然后仔细封好。

"我们怎样才能把这封信寄到上帝那里呢？"老太太犯难了。

"上帝无所不在。"老头儿说，"我们的信无论用什么方法寄，他都一定能够收到。"

他们走出门去，把信一扔，风就把信给邮走了。

碰巧有一个善良的富人出门散步，风把信吹到了他的面前。他好奇地把信捡起，打开读了，被这对老夫妇的虔诚和天真感动了。

富人非常同情他们的处境，决定帮助他们。他快速地取了钱后，就按照信上的地址，敲响了那对老夫妇的门。

"纳特先生住在这儿吗？"他问道。

"我就是纳特。"老头儿回答道。

富人朝他笑了笑。

"我有点事要告诉你，"他说，"几分钟之前上帝收到你的信，我是他在这个地区的代理人，他叫我给你送来100卢布。"

"你瞧，你瞧！老伴儿，"老头儿高兴地大声说，"上帝收到我们的信了！"

老夫妇收下钱，对"上帝的代理人"千恩万谢。

当那位富人走后，老头儿满腹狐疑。

"你在想什么呢？"他的妻子问道。

"老伴儿，我很怀疑，"老头儿若有所思地说，"那个代理人看上去一点都不诚实。他可能同我们耍了滑头。你知道代理人是怎么回事吗？是从中收钱的人。很可能上帝给了他200卢布让他给我们，可是他留下一半给自己做佣金了。"

总而言之，不要为了生活中柴米油盐之类的琐事而烦恼，一定要运用你的幽默感，来发挥你的创造力、想象力，将柴米油盐看成幽默的素材，以此来为你的家人制造快乐，为你的家庭生活增添一抹鲜艳的色彩。

第六章

恋爱中的幽默口才

047 幽默可以让爱情更美妙

幽默是将欢乐撒向人间的快乐天使，它可以洋溢于日常生活中的每一个空间。同样，在恋爱、婚姻、家庭的领域，更是留下了一片五彩斑斓的幽默题材。**幽默故事与材料本身就像一座开采不尽的矿藏，随时都能挖取出东西，只要稍稍加工，就能美化、装点自己的生活，增添生活中的笑声。**

一对男女两情相悦，因不同的价值取向而展示了各自的手段。下面就来看一个爱财少女的事例。

某人问一貌美如花的少女："你为何要嫁给一个风烛残年的老头呢？"

少女反问："假如有人给你一张百万美元的支票，那么你能不关心支票上的兑现日期吗？"

下面这个故事，看了则令人伤心。

"你与伊莎的婚约取消了吗？"

"是的，她嫌我穷，所以不愿意嫁给我。"

"那你没告诉她，你的叔叔很富有吗？"

"告诉了，所以她现在是我婶婶。"

当然，见钱眼开的，不只是女人。

“你说，聪明的穷姑娘和愚蠢的阔小姐，我到底该向谁求婚呢？”

“当然是聪明的穷姑娘。”

“的确，你是个诚实的朋友。”

“但作为朋友，我还有一个请求：能否将那位阔小姐的地址告诉我？”

假如择偶条件过于苛刻，会造成怎样的后果呢？

有一位大龄女青年来到婚姻介绍所，对工作人员说：“我感到很寂寞！我有很多遗产，什么也不缺，但只少一个丈夫。你能不能帮我介绍一个？”

工作人员说道：“没问题，但你能说一下自己的要求吗？”

大龄女青年说道：“他必须讨人喜欢，要懂礼貌、有教养、爱说爱笑、能言会道、喜欢运动，外加能歌善舞、趣味广泛、消息灵通等。当然，最重要的是，我希望他能整天在家陪我，在我想说话时，他要开口；在我不想说话时，他要闭口。”

工作人员听完后，很不耐烦地说：“这位小姐，我听懂了，你需要的应该是一台电视机。”

热恋中的男女，常常是“情人眼里出西施”。

某数学家和女朋友在公园散步。

女朋友问道：“我满脸都是斑，你真的不在意吗？”

数学家温柔地答道：“是的，我绝不会在意！因为我生来就喜欢跟小数点打交道。”

如果男女双方互相欺骗，就会闹出可怕的笑话。

有一对男女，刚从结婚登记处领证出来，在去往教堂的路上边走边聊。男的十分得意地说："宝贝，你好美！但出于良心，我现在必须跟你说实话。其实，上次你去我家看见的那套红木家具和全套摆设都是我跟别人借的。"

女的说道："没关系的。我也实话跟你说吧，刚才在结婚登记证上我写的是姐姐的名字。"

男的十分吃惊："啊，就是上次我去你家时看见的那个丑八怪吗？"

女的说："是的，但你可别这样说她，因为她现在已是你的妻子了。"

假如是这样的一对恋人，那最好还是快些收场的好。

年轻的汤鲁在信中写道："亲爱的莎莉，请原谅我又一次打扰你，因我的热恋，使我的记性变得这样糟糕。我现在一点也想不起来，昨天我向你求婚时，你说的是'行'还是'不行'呢？"

之后，莎莉很快回了信，说道："亲爱的汤鲁，见到你的信我非常高兴。我记得我昨天说的是'行'，但我实在想不起来是对谁说的了。"

小伙子对付变心的女友所采用的方法，也有很多幽默的案例。

某驻扎海外的士兵收到国内女友的绝交信，信中说她马上要结婚了，请士兵把她的相片寄还给她。于是这位士兵从战友那搜来各式各样的女人相片，并全部装入木箱，寄给见异思迁的女友。

之后，女友发现木箱里有一张小纸条，上面写着："请挑出你自己的相片，其余的都给我寄回来。"

048 幽默是爱情生活的守护神

生命就好比是一朵花，爱情就是花上的蜜，而幽默则是采花后酿造的蜂蜜。

爱是男女间的感情交汇。男人和女人是世界上最奇妙的存在。难怪夏洛蒂·勃朗特会这样说：“男人就好比是太阳，女人就好比是月亮。当太阳和月亮的光合在一起，就会组出一个美妙的世界。”

在这个世界，幽默总是扮演着一个守护神的角色，在危机时，它能给人提供安全感；在悲剧时，它能引人向喜剧方向发展。

对恋人来说，双方之间的默契与幽默感具有一种特殊作用：它能让双方在片刻之中发现很多美好的共同事物，不管是从前的、现在的，还是将来的，都会使时间与空间暂时消失，从而只留下美好、欢乐的感觉。

1774年，富兰克林丧偶，1780年他在巴黎居住时，向他的邻居——一位迷人且有教养的官孀艾尔维斯太太求婚。

富兰克林在情书中是这样说的，说自己在梦中看见了自己的太太与艾尔维斯太太的亡夫在阴间结婚了。接着，他又续写道：“那我们来替自己报仇雪恨吧。”

当时这封情书被誉为文学的杰作、幽默的精品。

在写情书时，尤其是第一封情书，不管你的感情沸腾到何种程度，最好都不要直接去说“我爱你”。因为对含蓄的女子而言，这不是高明的表现，有时会被对方厌恶，甚至有的人还会认为这是缺乏修养。

有一位姑娘说，男朋友在给自己的一封信中，只写了很短的一句话：“我已中箭了，而且是丘比特的金箭。我祈求你一样中箭，但不是铜箭，而是金箭。”

传说，凡是被爱神丘比特金箭同时射中的男女，都能缔结良缘。假如一人中金箭，另一人中铜箭，那中金箭的人就只能“单相思”。而小伙子正是巧妙地运用了这个神话，以此来给姑娘留下良好的第一印象。

热恋中的男女，由于理念的相通、语言的投机与各种环境的影响，产生亲密念头的机会就很多，这是一种正常的心理现象。

虽说从恋爱到结婚是性意向的产物，但对于婚前的亲密举动，有的人采取直接或粗暴的表达方式；有的人则是采取正统、规范、符合社会伦理道德的表达方式；此外，还有另外一种表达方式，那就是幽默。

直接表达亲密愿望有点庸俗，正统的表达方式又太古板，而幽默的表达方式，既可以表明自己的心愿，同时又不伤害对方。

通常，男友在女友面前发动亲密攻势时，并不是想马上占有她，他可以先用幽默来向对方展开进攻，以试探一下对方的反应及态度。

不妨来看看下面这位小伙子对女朋友的表示。

男说：“我非常苦恼，昨天晚上我梦到我一个人和很多苗条女郎在一起游泳，真的好可怕啊！”

女说：“哦，那你可真有运气，这有什么好可怕的。”

男说：“因为我梦到自己也是女的。”

很明显，小伙子在女友面前是从反面说出他对女性的好奇。小伙子的意思就是说：“可惜我梦见自己是个女的，要是个男的就好了。”

其实，热恋中的女性和男性一样，都在内心渴望一些亲密行为，只是她们隐藏得比较好，因而她们的幽默就会显得更加含蓄。

一对热恋中的男女，一天男友去女朋友家里，见女朋友买的鸡是一只雌鸡和五只雄鸡，就奇怪地问："你怎么只买了一只雌的，却买了五只雄的呢？"

女朋友回答："这样，雌的就不会像我一样寂寞了。"

或许，女朋友在买鸡的时候并不是这样想的，但恰遇良机，女朋友便幽默地将自己的心情向男友表达了出来。

此外，将幽默用于情爱生活，会比靠纯粹游戏而产生的趣味要容易。因男女双方都有取悦对方的心愿，所以只要一方稍做努力，另一方自然是心有灵犀一点通。

若能在恋人面前表现出幽默的智慧与情趣，双方不仅能共享欢乐，同时还能深深地吸引对方。

有一对恋人坐在公园里。

男的说："我很多朋友都夸你漂亮。"

女的非常兴奋地说："是真的？"

男的说："是啊，还说你不仅漂亮，而且还很迷人。"

女的高兴地说："真的吗？"

男的说："是的，不过你只能迷住那些没有经验的男孩。"

女的失望且困惑地说："那是为什么呀？"

男的说："因为你和他们一样年轻、纯洁、朝气蓬勃、活泼可爱。"

女的心花怒放地说："你太坏啦！"

幽默是恋爱生活的守护神。在男女关系里，常常会有一些微妙心理支配着每个细微的行动，假如你能有技巧地掌握、运用好这些因素，那么你就会在热恋中感受到更多的甜蜜。

049 幽默更容易打开对方的心扉

幽默是爱情的催化剂。那到底该如何向恋人表露自己的爱慕之情呢？尽管这没有固定的模式可循，也没有现成的话语，却可以运用幽默的求爱方式，即便不能成功，也不会给今后的交往造成障碍，并且还能保留一份美好的回忆。

当你把一种语体的表达改为另一种不同风格时，往往会使人忍俊不禁。倘若能用这种方式来向对方求爱，就有可能会让对方在轻松愉悦之中欣然接受。电影《阿飞正传》中，就有这么一段很有创意的幽默情话。

一个慵懒的下午，阿飞对苏丽珍说："看着我的表，就一分钟。16号，4月16号。1960年4月16号下午3点前的一分钟你与我在一起，因为有你，所以我会记住这一分钟。而从现在开始我们就是一分钟的朋友，这是一个事实，你无法改变，因为那一分钟已过去了。明天我会再来。"

如此幽默有创意的情话，相信没有几个人能抵挡得了！反正苏丽珍没有，这是她的内心独白："我不知道他有没有因我而记住那一分钟，但我却一直都记住这个人。之后的每一天他都来，我们就这样从一分钟的朋友变成了两分钟的朋友，没过多久，我们每天至少要见一小时。"

其实，在现实生活中也有这样的例子，一个男孩就是用这种新颖的赞美方式，娶到了自己心中的"白雪公主"。婚后，妻子幸福地诉说了他们浪漫的爱情。

"当我在大学里做兼职银行出纳员时，一个很帅的小伙子几乎每天都到我的窗口来，每次都是存款、取款。直到他将一张纸条和银行存折一起交给我时，我才明白他是为了我才这么做的。

“亲爱的颍：我一直都储蓄着这个想法，希望有一天能得到利息。假如你周五有空，能否将自己存在电影院里我旁边的那个座位上吗？我已经将你可能有约会的猜测都记在了账本上，若真是这样，我会取出我的要求，并将它安排在周六。不管贴现率怎样，陪伴你我始终是很愉快的。我想了一下，你应该不会认为这要求太过分，以后再同你核对。真诚的林。

“我最终无法抵制这诱人、新颖的求爱方式。”

实际上，情书就是用来表达内心的真挚情意，也是一种极为强烈的“印象装饰”，因为它通过优美的文词与修饰过的语句，来抒发内心的情感并打动对方的心，让对方看了能欢喜、感动。因此，情书必须写得深情款款，这样才更能打动对方的心弦，赢得芳心。

爱是离不开幽默的，情书也是如此。**幽默的求爱、求婚方式，会更有魅力，更富于使人心动浪漫的情趣。**在同对方的交往中，倘若你能扬长避短，在言辞上多下点功夫，并用幽默风趣的谈吐制造出一种活泼、有趣的交际氛围，那么你就会在不知不觉中获得对方的青睐。

写情书就好比是投石问路，以此来试探对方对自己的感觉，假如你的表现过于庄重、严肃，那么一旦遭到回绝，情感上就会难以承受，以至于陷入痛苦之中。因此，若能恰当地运用幽默技巧，并以豁达的气度来对待恋爱问题，那么即便得不到爱，至少也不会感到懊悔，同时也不会伤害到别人的自尊。

恋爱时，经常会有人因不知怎样求爱，或方法不当、言语不得体，使对方产生误解，甚至产生厌恶、反感，结果反倒是将本应美好的事变成了非常糟糕的事，以至双方“情人不成，成仇人”。

要想获得对方的好感，并进一步转化成爱情，首先就要有真诚的心，更重要的是，表达时一定要机智、幽默。因为爱的表达是需要技巧、花心思的，也就是要考虑到如何获得对方的好感和信任。要学会将好感巧妙地转化成爱情，而不是一味地死缠烂打，让人心生厌恶。制造好感是求爱的准备工作。总之，运用新奇、幽默的方式来向异性求爱，往往能收到更好的效果。

050 恋爱中的返还幽默

在恋爱生活中男女双方还可以运用“返还幽默”的技巧。这种技巧的运用常常与恋人的好奇心、自尊心、好强心等因素有关。

返还幽默不仅能给恋爱生活增添很多情趣，同时还能给恋人之间带来有趣调侃。它永远是一种迷人的诱惑，让人无法抵挡。**恋爱中，如果你懂得运用返还幽默，那你的爱情生活就会变得有滋有味。**

通常来说，很多女孩在面对男人的甜言蜜语或明显的虚情假意时，都会束手无策或疲于应付，但若会使用幽默这种武器，那便可以在爱情的交锋中占据优势。这样一来，既可以让对方的不实之词败露，又可以使对方感到你很可爱、机智、风趣。不妨看看下面这个运用返还幽默的故事。

男说：“我真的真的很爱你，请你相信我吧！”

女说：“你要我怎么相信你？”

男说：“哦，我纯洁的爱情只献给了你一个人啊！”

女说：“那你想把那些不纯洁的给谁啊？”

恋爱中，返还幽默有时是在无意识中被运用的，而这种返还幽默常常是灵感突现的神来之笔。比如在上面这个故事中的女方，她就是根据男方话语中的漏洞突然产生了幽默灵感。

但在大多情况下，人们总是有意识地去运用返还幽默。不是突然而来而是通过日常幽默素材的积累并在某个特殊时刻爆发，它会给恋爱生活带来无比的欢乐与情趣。来看看下面这对恋人的表现。

一对恋人正处于热恋阶段，他们在公园里如醉如痴地亲热后，女孩问道："我现在问你，不许瞒我，你在与我亲热前，都有谁摸过你的头、揉过你的发、捏过你的颊？"

男孩回答："这，这实在是太多了，前天就有一个……"

女孩满脸愕然，急忙问道："她是谁？"

男孩回答："理发师啊！"

故事中，男孩的幽默灵感来自于前天理发的经历，也就是说该幽默是经过前天的储备而在今天特定的时刻引发的。或是男孩前天根本就没有理发，只是以前理发的经验成了他这个返还幽默的素材来源。

通常而言，在恋人之间，一方回击另一方的嘲讽时，应用的返还幽默最多。

一对恋人躺在海滩上，女孩看见一个穿最新款三点式泳装的女郎站在滩头搔首弄姿。

女孩向男友叫道："喂，你快看，她和你崇拜的××一模一样。"

男孩却不理会，仍闭着眼睛躺在那儿。

女孩十分诧异地问："不会吧？难道你真的不感兴趣？"

男孩回答："当然，她要是真的和××一样，你是绝对不会叫我看的。"

男孩面对女友的嘲讽，十分冷静，且用带有幽默感的攻击回敬了她，这样既批评了女友的小气心理，又表达了他知道女友很爱自己。

人们都知道，爱情是很美好的，同时也是自私的，一旦处理不好就会使恋人关系破裂。因此，当你吃恋人的醋时，不妨用幽默的表达让对方知道。来看下面这则幽默。

男："你就是我的太阳……哦，不！应该说你是我的手电筒！"

女："为什么？不是太阳吗？"

男："不行，因为太阳普照的是所有男人，但我只希望你照着我一个人。"

爱情若表达得过于死板，那肯定会使人产生厌恶之感。

一位小伙子向他的女友表达爱慕之心："我真的很爱你。你就像那天上的月亮一样美丽，又像那闪烁的繁星一样可爱，还像那明媚的太阳一样给我带来了光明与温暖。没有你，我就像没有了空气一样，无法生存。"

女友终于忍不住打断了他的话："我说你是在谈恋爱，还是在给我讲天文知识啊！"

051 如何对付爱吃醋的恋人

在恋爱中，有些恋人是经常吃醋的。比如有这样一个关于"吃醋"的典故。唐太宗李世民执政时，有一次要赐给宰相房玄龄一位美妾，而房玄龄的妻子说什么也不同意。太宗得知此事大怒，并赐她毒酒一杯，让她选择：是同意房玄龄纳妾，还是喝毒酒而死。结果房玄龄的妻子毫不犹豫地接过"毒酒"一饮而尽，却没有一点中毒的迹象。最后才得知，太宗赐的只是一壶老陈醋而已。

由此可见，“吃醋”是一种对自己所爱的人，或是对其他异性交往由嫉妒所引起的不满。不妨看看下面的这个幽默故事，或许可以帮你理解上面所说的交往的范围界定。

一对恋人去参加聚会，随后女孩发现男友正不停地用羡慕的眼光偷看身旁坐着的艳丽女郎，于是女孩便悄悄对他说：“你还是去和她说句话吧，要不别人会以为你是她未婚夫呢！”

在这个故事中，女孩运用的是一种钝化攻击，一下就将男友的失态唤了回来，男人自然会比较容易接受。同时，还能使自己的醋意变得更加温和、恬淡而富有情趣。

其实，针对吃醋的一方，我们完全可以借用幽默避其锋芒，转弯抹角地将对方的醋意弹压一下，这样既不会刺伤对方，同时也能消解对方的妒意，从而维护双方的爱情。要知道，一方打翻醋坛子，无非是想表明自己的妒忌态度，偶尔吃醋也能给爱情生活增添不少光彩。

有一对恋人一起去参观美术展览，当他们走到一幅只有几片树叶遮掩着私处的裸女像前时，男友停在那里不想离开。

女友实在忍无可忍，便狠狠地揪住男友喊道：“喂！你是想站到秋天吗？”

这位将醋吃到画上裸女的女友，幽默神经可是够发达的。其实，在我们周围随时都能看到一些聪明的恋人如何用幽默的方式来对付吃醋的恋人。

有一天，一个女孩去男友家里玩，不料竟在男友抽屉里翻出了一大沓美女照片，为此女孩很是吃醋。

而男友则是丢之不忍，留之不行，于是灵机一动，在每张照片背后写了一句：“再美也美不过我的女友。”

女孩看后方才眉开眼笑。

其实，醋意谁都会有，无论是男人还是女人，都是一样的。若感情生活没有了醋意，那很可能感情丢失了，但倘若醋意大到敏感、猜疑、神经质，甚至影响到恋人间情感，也就不好了。所以说，醋吃得适量能开胃，吃多了则伤身。这一点需要男女双方好好把握。

一次在电梯里，仅有3个人。男士目不转睛地注视着美丽的长发女郎，为此他的女友十分不满。

忽然，女郎转身给了这位男士一记耳光，并说：“我教训你，是为了警告你下次不许偷捏女孩子！”

随后，这对恋人走出电梯。这位男士很委屈地对女友说道：“可是我真的没有捏她呀！”

女友笑着说道：“我知道，因为是我捏的她。”

在适当的时候，恋人之间若能经常开些小玩笑，便能丰富两人的感情生活。 但这位女友的做法实在是太过幽默了，以至于让自己的男友白白挨了别人的耳光。

052 用幽默语言拒绝别人的求爱

任何人都有爱与不爱的权利，假如对方请人转告或暗示，希望和你建立恋爱关系，而你的心里对此人并不十分满意，那当然就要想办法拒绝。

需要注意的是，拒绝求爱的语言一定要恰当，最好能够委婉幽默，既要将自己的意思表达清楚，又要让对方没有心存幻想的余地，但也不能太不近人情。特别是对身边的同事或同学，拒绝对方的求爱更应注意方式方法。假如你当时不加考虑，生硬地说“不”，那么若干年后，你就有可能会后悔，因为当初你拒绝的除了爱情还有珍贵的友情。

有一位漂亮的姑娘突然收到一封情书，看过之后，才知道是单位里表现一般的小林所写的。

“简直是癞蛤蟆想吃天鹅肉”，姑娘一气之下便将情书贴到了单位的食堂。为此，小林被羞得无地自容，原来想追求她的心，此时连想也不敢想。

10年以后，小林已经找到了自己称心的伴侣并有了可爱的女儿，而漂亮的姑娘却因为眼光高还是单身一人。

假如你真的不喜欢对方，那么对于对方抱着谈情说爱想法的约会，最好婉言谢绝，使其明白你的心思，并放弃对你的追求，但切勿伤害对方的自尊心。即使求爱者的条件和你所要求的相差甚远，你的拒绝也一定要委婉，这样对别人和自己都没有害处。

某医院的护士小王长得既漂亮又机灵，大家都非常喜欢她。

一天下班，办公室年轻的李医师对她说道：“小王，一起去吃饭吧？我有一件非常重要的事想要跟你说。”

小王一听“重要”这个词，立刻明白了其中含义。于是她笑着说道：“好啊！我正巧也有事要请你帮忙呢。”

李医师听后，十分高兴，放松心情说：“没问题，只要能帮到你，我一定会两肋插刀。”

小王又笑着说：“没那么严重。不过是男友脸上长了几个青春痘，我想问问你怎样才能治好。”

一般情况下，运用这种幽默含蓄的拒绝方法都会很有成效。被追求的一方若要拒绝对方的求爱，更应幽默以对，这样既能达到自己的目的，也不会伤到求爱者的自尊。

下面是一些女孩常用的拒绝异性的话语。

男：我可以为你买一杯饮料吗？

女：倒不如把钱给我得了。

男：这个座位是空的吗？

女：是的，如果你坐下，我的这个座位就是空的。

男：我好像以前在什么地方见过你？

女：是的。这就是为什么我不再去那个地方的原因。

男：这个星期六你想跟我出去吗？

女：抱歉。这个周末我头疼。

总之，**拒绝别人也是一种艺术，而幽默地拒绝既能传达自己所要表达的意思，同时又不会使人感到难堪。**这就是幽默在拒绝他人求爱中的巧妙运用。

053 用幽默来处理自己所犯的错误

有这样一句歌词：相爱容易，相处更难。确实如此，爱人之间总免不了会有磕磕碰碰，因此人们就总结说“打是亲，骂是爱”。当情人或夫妻之间的一方做错了事或误了事时，难免要做出个解释，此时只要用简短的幽默就能代替自己过多的话语，也可避免对方一大串的埋怨。

每次小芳和男友约会总是会因故迟到10分钟。第一次迟到，她自我责备地说：“我迟到了，我有罪，罪该万死！”第二次迟到，她转守为攻地说道：“一定是你的表快10分钟！”第三次迟到，她仍有理由：“我的表是按照北京金秋时间对的，所以要比夏令时晚半个小时呀！”因此，小芳总是能将男友逗开心，使其对她又爱又恨。不过话又说回来，天底下有哪个女孩和男友约会没迟到过啊，于是男友也就一笑了之。

小芳聪明地解释了自己的过失，同时也取得了男友的谅解，但恋爱中每次都迟到总是不好，毕竟不是每个男人都能容忍，所以，还是建议女孩们谨慎为之。

其实，**只要热爱生活，并善于观察生活中的琐事，且珍惜情人或夫妻之间的感情，幽默就会像喷泉一样不断地涌出**。不妨来看看下面这位丈夫的幽默。

丈夫又回家晚了，一进家门便看见妻子严厉的目光。他自知亏理，觉得很不好意思，于是就走到沙发前，去逗小猫。

他刚刚低下头，就听妻子喊道：“喂，你和那头笨猪在一起干吗？”

丈夫知道这是妻子在骂自己，却故作不知，笑着说道：“这哪是猪啊，这是猫！”

妻子看也没看他一眼，朝小猫一挥手："来，亲爱的，到我这来，刚才我是在和你说话呢！"

从这个故事中，不难看出妻子的聪明与幽默之处。明知做错事的丈夫在面对妻子的幽默嘲讽时，所运用的"顾左右而言他"的糊涂幽默也是很值得欣赏的。所以，**当你明知自己做错事时，不妨用幽默的方式与你的爱人进行交流，以"笑"掉自己的错误。**

第七章 管理中的幽默口才

054 做一个有幽默感的领导者

有一次，美国300多家大公司的行政主管一起参加一项幽默意见调查。这项调查是由一家业务咨询公司的总裁霍奇先生主持的，结果发现高达97%的主管人员相信，幽默在商界具有相当的价值；还有60%的人相信，是否具有幽默感能决定一个人事业成功的程度。

如今有许多领导人，都希望他们在同事与下级眼中的形象更人性化一些，而幽默就是塑造领导形象的最佳手段之一。

在一些令人尴尬的场合，非常恰当的幽默也能够使紧张气氛顿时变得轻松起来。**作为领导者，用幽默的口吻批评下属，也不会使下属感到难堪。**

领导的幽默不应是讽刺式的，讽刺别人会使人厌恶，甚至产生对抗。讽刺式的幽默会让别人感觉你在利用别人的弱点或短处，会产生很不好的影响。

比如，刘老板开了一家装修公司，由于市场不景气，生意经常青黄不接。有一天该公司员工小张对老板说：“上周健康检查的时候，医生说我的胃肠、肝、心脏都有问题，我想请假去看医生，请假单上填‘病假’行吗？”刘老板没好气地说：“我看你填‘内部整修’算了。”

领导在批评员工的时候，一定要讲究点技巧，学会用幽默来化解矛盾。例如，有一个老板对女秘书说："我不知道你一分钟到底可以打多少字，但是我知道你一分钟会删掉30个字吧！"

这位老板真是很有修养，他不直接批评员工，却能够让员工明白他的意思，这样做也就不会出现矛盾，员工也非常乐意在这种比较和谐的环境中工作。

有一位监工对手下的员工说："我需要这份报告的5份复印本，立刻就要。"而这位员工按下影印机的按钮，复印本立刻就出来了25份。

监工大声说："我不要25份！"

而这位员工笑着说："对不起，但是你已经要到那么多了。"

接着他俩爆发出一阵笑声，笑话那影印机不听话。这位员工用轻松的反应来缓解了紧张的气氛，并且赢得了上司的好感，**也让上司接纳了他在严肃和趣味之间的平衡。**

事实上，他的上司也赢了。他的上司以更为轻松的心情，了解到原来是自己忽视了一个和其他部门更好的沟通机会。那多出来的20份复印本，能够用来帮助其他负责人了解到他这个部门在做些什么。

如果问题发生在公司与客户之间，幽默也能够让二者获得双赢。

不过，我们在这里强调幽默的作用，并不是抹杀其他因素的努力。在与客户的交往过程中，有些原则还是应该坚持的，比如全心全意为顾客服务、坚持客户效益第一、诚恳地与客户交往、真正为客户着想、信誉至上等，这些都是大的方向，而幽默是与客户沟通中的催化剂，起着推波助澜的作用。

055 幽默更易出绩效

小田见隔壁邻居养了一只会说话的鹦鹉，十分有趣，就心血来潮也打算养只鹦鹉怡情养性。于是，他来到一家专卖宠物的商店，刚好店里三副鸟笼中各养着一只鹦鹉。他兴冲冲地向店主询问价格，店主热情地告诉他："最右边的这一只鹦鹉会说谢谢、再见、欢迎等简单性的话语，售价1万元。"听完，小田指着中间的一只再次问价，店主笑眯眯地回答："这只可不得了，它除了会说简单的问候话之外，还会唱童歌呢！所以它价值2万元。"小田心想买东西总要精挑细选，何况货比三家不吃亏，于是，他再次向店主询问第三只鹦鹉的价钱，店主说："最后这只鹦鹉卖3万元。"小田觉得奇怪，最后这只又没有什么比较奇特的地方，为什么价钱更贵呢？于是向店主询问原因。只见店主笑了笑说："这只鹦鹉确实是乏善可陈，它没什么本事，可是，据我所知，不知为什么，前面这两只鹦鹉每一次都毕恭毕敬地称它为'老板'！"

这只是一个笑话而已，不过一般说来，大智若愚的老板的确看起来没什么本事，但实际上他的领导艺术却非一般人所能体会。这也许就是所谓的领导力吧。

如果你是一位领导者，就应当注意运用幽默口才，在恰当的时候播撒快乐的种子。在日本，有一些企业老板会在公司举办员工同乐会的时候，与员工一起参加幽默表演比赛，整个公司笑成一片，借着这样欢乐融融的气氛，建立企业的团队精神。

在任何工作场所，你都能看见这样的场景：一旦生意走了下坡路，许多公司都会马上缩小规模，减少员工，甚至更改经营策略。这样日复一日，弄得人心惶惶，工作就会特别被动，难保不出什么问题。

在这样的情况下，员工很有可能会选择消极、怀疑或者干脆拒绝接受工作安排。此时，让他们每个人都保持乐观和信心异常重要。

那如何让个人与集体在任何一种形势下都保持一种高度的工作热情，并继续沿着企业的既定目标前进呢？当员工灰心丧气时，不妨让他们暂停手里的工作，讲些幽默的故事或者诙谐的笑话，逗大家开心一下。这样的效果也许比说服或施加压力更为有效。

笑声为什么有激发人的功效呢？众所周知，笑声能让人感觉良好，可以缓解压力、舒缓心情、激发智慧，使人信心百倍。

有一家公司，老板有一天身上穿着一件小丑服装，打扮得像一只公鸡，突然闯进办公室，逗得大家哈哈大笑。其实，他并没有做任何事，就是要让大家发笑而已。此时，员工会感到老板用心良苦。

有一位经理对天天见面开电梯的小姐说道："请尽快把我送到19楼去。"

小姐为难地说："对不起，经理，但是这座大楼只有18层啊。"

"没关系，"经理充耳不闻，"小姐，你尽力而为吧！"小姐先是一愣，然后不禁笑了起来。

故事里这位很有幽默感的经理其实是故意这样说的，他的目的是想让这位工作单调的开电梯的小姐能轻松一下。这样的上级，谁会不喜欢接触或不为之尽力工作呢？其实，**只要一点小幽默，就能够融洽上下级关系**。当然，我们有理由认为，这个经理在处理更为重大的事情时，应该是更有能力、更成功的。

与此相反的例子也比比皆是，过于严厉的上级往往会让下属怀恨在心，并暗中与之对抗。在生活中经常有这样的事情发生，有的员工往上司茶杯里吐口水，甚至还有人把领导汽车的轮胎扎破……这就是上下级关系紧张的后果。

朗朗的笑声是组织机构的健康之音，并且领导与员工亲密接触的最好方式就是幽默。幽默的效用已经被心理学家们确认为企业员工遇到难题而导致心理忧郁症的最好疗法之一。

每个人都喜欢与机智风趣、谈吐幽默的人交往，谁都不愿和那些动辄与人争吵或者郁郁寡欢、言语乏味的人交流。幽默，就像是一块磁铁，吸引着大家，它也是一种润滑剂，能让烦恼变成欢畅，让痛苦变成愉快，将尴尬转为融洽。

美国作家马克·吐温平时就特别幽默，有一次他去一个小城，临行前别人告诉他，那里的蚊子非常厉害。到了那个小城，当他在旅店登记房间的时候，一只蚊子正好在马克·吐温眼前来回盘旋，这使得旅店的员工十分尴尬。马克·吐温却满不在乎地对这个员工说："贵地的蚊子比传说中的不知道聪明多少倍，它竟然会预先看好我的房间号码，以便晚上光顾饱餐一顿。"员工们听了，不禁哈哈大笑。结果，这一晚上，马克·吐温睡得非常香甜。原来，旅馆的全体员工一齐出动，驱赶蚊子，不叫这位博得众人喜爱的作家被"聪明的蚊子"所叮咬。

幽默不但让马克·吐温得到了陌生人的特别关怀，还因此而拥有了一群诚挚的朋友。

另外，幽默还能使人感到亲切，**懂得幽默的管理者，能够让下属体会到工作的愉悦与轻松。**

作为管理者，你进行管理的目的是为了使自己的下属能够准确、高效地完成工作任务，而轻松的工作气氛则有利于达到这种效果。幽默往往可以使工作气氛变得轻松起来。

如果员工生病了，那正是管理者关心下属的大好时机。如果你在这个时候用言语讽刺，就与正确的管理经验背道而驰了。

很多管理者平常都很忙，每一天的工作时间往往都在8小时以上，人生的黄金岁月大都是在职场中度过的。如果管理者的领导风格不能令员工心悦诚服，那他的管理工作一定不能称心如意，生活也会怏怏不乐，而工作目标的完成势必遥遥无期或者大打折扣。如此一来，他的管理生涯岂不显得黯然失色、了无生趣呢？其实管理与娱乐只是一念之差，你可以乐在管理，并且设法用欢乐的气氛感染每一位同事，让管理成为一门轻松的艺术，甚至是一种至高无上的享受。

056 缺陷不是耻辱，掩饰只会更糟

对于自己的缺陷，人们大多都会很敏感，甚至去极力掩饰。其实，世界上根本就找不到十全十美的人，缺陷并不可怕，可怕的是自己不能正确地看待它，在心理上不能真正地接受这一事实。因此，对于一个管理者而言，重要的是勇敢地承认自己的某些不足，并将别人的目光转移到你更优秀的地方，从而提高他们对你的总体评价。如果抱着试图掩饰自己缺陷的心理，可能会越掩饰越糟糕。

曾是德国总理的科尔体态臃肿。有一次，在欧洲各国首脑会议上，正当大家聚精会神地开会时，突然传来“咔嚓”一声，随后又是“扑通”一声。大家寻声望去，只见科尔坐在地上。原来他所坐的椅子因不堪重负，轰然垮塌。科尔幽默地说：“我的屁股和椅子情趣不合，关系破裂了。”

面对如此难堪的情形，科尔并没有认为自己臃肿的体态是一大缺陷，而是坦然接受这一切并幽默地开自己的玩笑，仍旧自信地到处讲演，结果连任了好几届德国总理。可见，**一个能正视自身弱点的人，往往能因此而更加努力，从而博得众人对他的尊重。**正如科尔并不认为他的身体肥胖会影响他在公众面前的形象一样。

对于大多数人来说，一下子改掉长时间形成的一些小毛病、小缺点、小嗜好可能很有难度。对于这些缺陷，要能自我接受，充满自信，但也并不等于说可以

不加注意，放任自流。有些时候，我们可以想出一些聪明的办法来规避这些缺陷，使其不至于给他人造成坏的影响。下面这个故事中睿智的女劳模就值得我们学习。

一位女劳模被邀请做先进事迹报告，几家电视台都准备直播。不巧的是，这位女劳模天生哑嗓，讲起话来很不好听。可她利用自己的聪明才智，幽默地来了一个开场白："我虽然嗓子哑，却很时髦，现在许多摇滚乐歌星不是都兴哑嗓吗？"

一席话，让台下的听众哄然大笑，女劳模不仅为自己打破了尴尬的局面，而且还为自己赢得了长时间的掌声。最终，她的先进事迹报告会取得了圆满成功。

因此，对于一些管理者而言，针对自己的缺陷，要勇于自嘲，这样容易打破僵局，融洽气氛，避免不必要的尴尬。在与人交往时，他人可能会有意或无意地触碰到我们的缺陷，这时就需要运用幽默来解脱，这更能表现出我们宽宏大量的胸怀，并增强个人的威信。

有一天晚上，柏林空军军官俱乐部灯火通明，这里正在举行一个盛大的招待会，欢迎著名的乌代尔将军。

招待会上，有一位见到将军心里就紧张的士兵，不小心把酒洒在了乌代尔将军的秃顶上。士兵吓得脸色惨白，浑身抖若筛糠，在场的人也是紧张得连大气也不敢出。

没想到，乌代尔将军满脸笑意地说："老弟，你以为用这种方法就能治好我的秃头吗？"大家一听全都大笑起来，暗中都为这位士兵松了一口气。招待会的气氛也因此而更加融洽起来。

秃顶是乌代尔将军的缺陷，士兵把酒洒在了他的秃顶上，使得众人目光都集中在他的缺陷之处，将军却巧妙地以自嘲的方式破解了尴尬的局面。乌代尔将军的胸襟让人佩服。

作为领导，就应该像乌代尔将军一样，勇于正视自己的缺陷，不能因为下属不经意间暴露了你的缺陷而勃然大怒，这样不但会在下属面前暴露出自己的虚荣，更重要的是还会使自己的领导风度和威信渐渐地在下属心中淡化、消退。

057 突破思维桎梏，实行幽默管理

聪明的管理者都会将幽默视为一项管理方式，灵活地加以运用。这从当前日趋加剧的竞争、动荡的市场经济、企业员工所要面对的超乎寻常的压力等现状中能够找到原因。对公司来说，要想发展得更迅速、走得更平稳，就要有一支能够依靠并信赖的员工队伍。所以，如何保持员工的士气，让他们能拥有责任感，如何能够充分激发他们的创造性，这些问题显得比任何时候都重要。

在以前，管理者总是习惯用一种居高临下的姿态来对待自己的下属，以皇帝的姿态来对他们进行管理。但是随着企业现代化、市场化以及经济化程度的不断提高，现代企业对管理者自身的素质也提出了更高的要求。如何能更合理地管理下属员工，让他们更好地和自己前进，恰恰是管理者需要学习和进行研究的地方。

实践证明，如果能够运用幽默进行管理，管理者往往能够取得很好的效果。据美国针对1160名管理者的调查结果显示：77%的人会在员工会议上用讲笑话的方式来打破僵局；52%的人认为幽默有助于其开展公司业务；50%的人认为企业应该慎重考虑聘请一名“幽默顾问”来帮助员工们放松自己；39%的人倡导在员工中“开怀大笑”。有一些著名的跨国公司，上至总裁，下到一般的部门经理，

已经开始着手将幽默融入日常的管理活动之中，并将它作为一种崭新的培训手段加以运用。

在公司里，许多男员工有时候总喜欢拿自己的太太开玩笑，无非在同事面前说说她们逛商场买东西的一些趣事，总之都是与花钱有关的。这一天某公司员工们说到太太们购物的奢侈，有位员工就说：“就算皮包里层是用捕蝇纸做的，我太太的钱也不可能会留在皮包里过夜。”另一位同事则说：“我太太告诉我，她承认她非常喜欢花钱，但是不要用‘奢侈’这个字眼来形容她，另找个新词会更好。”这时部门经理恰好出来，闻听此话，哈哈一笑说：“你们家里的老婆还算好的呢。你们知道我那个太大奢侈到什么程度，她在晚上做梦时都在喊‘不能让你同事的妻子超过我呀，我一定要拿到奢侈的桂冠才行’！”

其实，像这样的幽默都是很有意思的，一帮男人在讨论女人花钱的问题时总会找到共同语言。事实上他们并不是真的非常讨厌自己的太太花钱，而只是用这种方式来炫耀自己的太太。每个人只有对自己所爱、所关心的人运用幽默的语言时，才能将似乎敌意的幽默如此有效地加以运用，从而产生好的效果。能和下属共同讨论这类话题，也不失为一个加强情感沟通的好机会。

总而言之，要想实施幽默管理，就要突破思维桎梏，开拓自己的视野以及获得下属的认同感。而在运用幽默管理的过程中，你会发现原来管理可以这么简单，在幽默的同时就能够达到自己想要的效果。

058 幽默是安抚员工的镇静剂

每个管理者都希望自己能够与下属顺利地进行沟通，将自己的要求传达给下属的同时，也希望下属能愉快地接受并完成任务。然而现实中，下属总是和管理者形成对立的关系，很难在两厢情愿的情况下共同向着既定的目标迈进。所以，在向下属传达命令的时候，管理者就要掌握一定的谈话技巧，避免双方陷入沉闷僵硬的沟通氛围之中。如何才能让自己和下属都轻松愉悦地沟通呢？如果能够适当地运用幽默来调节现场紧张的气氛，就会让你和下属的沟通变得融洽。

由于最近一段时间内接的货单很多，科特药业公司的工人们经常会被命令加班加点地完成工作进度，导致许多工人都产生了不满的情绪，干起活来也不像之前那么认真了。但是药品不比别的产品，弄不好公司信誉受损不说，还会出人命，这是公司最不愿看到的。

公司的销售经理一大早就遇到了一件让他十分郁闷的事，公司最大的客户由于不满近期公司产品的质量，想要马上中止与科特药业公司的合作关系，另外去寻找一个新的合作伙伴。销售经理向总经理汇报这一情况后，总经理吩咐他务必稳住这名客户，而有关质量方面的问题他会亲自负责去过问，并努力把质量提高。

时间已到傍晚，总经理赶到生产车间门口的时候，外面正巧下起了大雨，他看到车间的工人们在冒雨卸货，也打开车门冲了上去，和工人们一起冒雨工作。等到货物卸完以后，看到大家浑身都被雨水给淋湿了，总经理抹了抹自己脸上的雨水，笑着对工人说：“今天晚上加班吃晚饭的时候，我们一定要加道菜。”没等现场的工人们反应过来，总经理就接着说：“加道清蒸‘落汤鸡’，味道肯定不错。”工人们都会心地笑了起来，饥饿和劳累顿时一扫而光。趁着大家心情不错，总经理在鼓励大家的同时，紧跟着又强调了产品质量的重要性，并承诺马上增加工人们的加班费。听完总经理的话，工人们的抵触情绪消失了，产品的质量又提上去了。原本马上就要失去的大客户看到产品质量得以恢复，也就愿意留下来继续合作关系。

科特药业公司在总经理的努力下，安全渡过了难关。

通常人们都喜欢和那些机智风趣、谈吐幽默的人交往，同样道理，员工也喜欢跟着幽默风趣的管理者工作。同样的要求如果用强制的方式让下属执行，他们肯定会一百个不乐意；如果换一种方式，在幽默中传达出自己的意思，下属就会在愉快的气氛中接受上司的命令。**幽默的魅力就在于它能够让烦恼的人欢畅起来，让人们原本痛苦的心情愉悦起来，也会让尴尬的气氛暂时融洽起来。**适度幽默不仅非常有利于调动下属的积极情绪，还能够缓解下属在工作中的疲劳状态。上述这个故事中的总经理，就是通过一句幽默的话，拉近了自己和工人之间的关系，消除了他们内心存在的消极情绪，否则只凭生硬的指派与命令是很难让工人接受并执行任务的，更别提让工人们积极地为企业服务了。

一般来说，幽默能够将人们的注意力从痛苦中暂时转移，至少人在笑的时候是不会注意到痛苦本身的。从这个角度来说，我们也可以说幽默本身就是一针麻醉剂，它的作用就是麻痹人的痛苦神经，让人们能够暂时忘却眼前的痛苦。而另一方面，幽默导致精神上的兴奋以及心态上的乐观，能够减轻人体肌肉的紧张度，让痛苦相应减轻，这对于人的生理以及心理上痛苦的缓解都大有裨益。

有经验的管理者往往懂得在恰当的时候，运用恰如其分的幽默，将一些本来很困难的局面扭转过来。**幽默能够让管理者更加人性化，让上下级的沟通更为简单明了。**懂得幽默的管理者往往要比古板严肃的管理者更容易和员工们打成一片，能够和客户建立更为默契的合作关系。有幽默感的管理者，总会带给员工快乐祥和的气氛。他们做起事来要比那些不懂运用幽默的人容易很多，甚至在玩笑间能够轻易解决一件在大家看起来比较难办的事。

059 幽默批评更有效

在工作中，上司批评下属时不能想说什么就说什么，要知道，那些适时、适度地带有幽默元素的批评，会更容易让下属接受。这样做不仅仅能够让下属认识到自己的问题所在，还会激发其对工作的积极性。

现如今，工作和生活节奏不断加快，在忙碌的工作中，下属偶然犯一些错误在所难免。身为一个上司，在遇到员工们出现工作方面的失误时，应当对其进行批评指正。当然，不同的上司对员工进行批评的方式不尽相同，所以产生的效果也不一样。这里面存在着不同上司对管理手段不同的理解。不管管理者的手段有什么差别，让接受批评的人能够发自内心地接受批评指正才是最为成功的管理手段。我们也不能说对犯了错误的员工进行大声斥责的行为是错误的，然而如果能够用幽默轻松的方式让员工认识到自己工作中需要改进的地方，那么既能够改善员工们的工作，又让上司和下属们的关系更加和谐融洽，作为一个聪明睿智的上司，又何乐而不为呢？

下面来看一个小故事。

一次，一位将军在视察某个部队时，召集了校、尉等军官10余人进行座谈。在会上，将军问这些军官说："一个普通战士的津贴大概是多少？"在座的军官竟然没有一个人知道确切的数字。

这时，将军看着那些军官，心里非常生气。不过将军并没有直接对这些军官进行批评，而是给他们讲了关于一个人的绰号的故事，他说："在民国时期，有个名叫张宗昌的军阀，人们称之为'三不知将军'，一不知道自己有多少兵，二不知道自己有多少枪，三不知道自己究竟有多少个小妾。"

将军虽然没有直接批评，然而在座的军官听到他讲的故事之后，都羞愧地低下了自己的头。

在这里，将军通过一种类比的幽默方法对其下属进行了入木三分的批评，可谓绝妙之极。更妙的还在于，他在批评的同时还给这些部队军官们保存了颜面，让他们更容易接受。

如果上司在批评下属的同时，能在批评的话语中夹带一些幽默的语言，就能够冲淡一些责备的意味，这样一来，既保全了对方的自尊，又达到了让对方进行自我反省以力求改进的效果。

一次，一家公司的一个员工以参加其祖母的丧礼为由请了一天假，结果这件事被上司识破了。等这位员工回到公司以后，上司就问他："你相信人会死而复生吗？"尚未反应过来的员工不假思索就答道："当然相信了。"

"哦，要是这样的话就对了，"上司微笑着对他说，"昨天你请假去参加你祖母的丧礼了，今天她就来公司看望你了。可见，你说得非常正确。"

上面这位上司就把对下属的批评非常好地融入开玩笑式的幽默当中，既能达到批评下属的目的，又能够让下属知晓上司用幽默来处理这件事的深意。这样的上司无疑会同下属相处得十分融洽，从而使上下级的关系也更为紧密。

身为上司，如果在批评下属时能够将下属的一些优点用幽默的方式结合起来进行，就会收到更好的效果，也更容易拉近上下级之间的关系，对工作的改进也会产生很好的帮助。

作为美国第30任总统，柯立芝有一位非常漂亮的女秘书，但是这位女秘书有一个毛病，就是经常会因粗心而在公文处理上出现差错。

有一天早上，柯立芝看到自己的秘书穿着一身新衣服走入办公室，就对她说："这套衣服非常适合你，完全就是为你这种年轻漂亮的小姐量身打造的。"这些话让那位秘书心花怒放，欣喜万分。

这时，柯立芝又接着说："我相信你也一定能将公文处理得和你同样漂亮。"从那天开始，这位女秘书在公文处理上就极少出现差错了。

柯立芝随机运用了一个半是赞扬半是批评的小幽默，就让自己的秘书纠正了自己的缺点。如果说柯立芝直接指出秘书处理公文的不妥之处，势必会让其和下属之间的关系比较尴尬。由此可见，上司对下属的幽默批评不仅仅是一种手段，更是一门能够让上下级关系相处得更为融洽的艺术。

060 委婉地表达自己的意见

好的管理需要讲求信息的充分互通，既要从自己想要达到的目的出发，又要充分考虑到对方的感受。管理的目的不仅仅是要实现自己的目标，也要能让对方从管理中得到好处，只有这样的管理才称得上是成功的管理，才会让对方愉快地接受你安排的工作。如果违背了上述原则，就会出现极其糟糕的结果。我们来看看下面这个故事，就明白为什么了。

一天，有几个人一起搭船渡河，当船行至河中间时，突然一场暴风雨急急袭来，眼看船就要被风雨冲翻，这时，一位青年主动站出来指挥大家开展抢救船只的行动。他先让一位十五六岁模样的少年骑在船中的一根横木上，然后又指挥两名木匠用力划桨。但由于水势太过凶猛，船还在不停地摇晃，这位青年不由分说地将少年随身所带的行李扔入河内，接着转过身将两名木匠所带的货物也丢入了水中，唯独自己身边的那个木箱没有丢弃。大家看到他这么做心里都很生气，因此趁他不备时合伙将他那个沉重的木箱扔入水中。谁料想这样一来，船马上就像纸一样在水面上漂浮起来，根本就无法操纵，只摆动了几下，船就撞在一块大礁石上翻船了，所有的人都被甩入急流之中。

后来人们才知道，那个木箱里装的是用以稳船的沙石。但是由于双方没能很好地进行沟通，才导致后来悲剧的发生。如果那个青年从一开始就说明自己的木箱中装的全是沙石，是用来稳固船只的，那就不会发生后来的事情；如果那名木匠和少年能够主动说出自己的疑问并听听青年的解释，大家也一样有可能齐心协力共渡难关。

由此可知，沟通在某个时刻就好像船行水面，沟通到位就如同水可载舟，沟通不利就可能导致水来覆舟。

对于管理者而言，能否达到一个良好的管理效果，同下属的沟通非常关键。 作为领导不要个性太强，要能够委婉地表达出自己的不同意见，争取做到相互理解、相互协调，这样才会起到真正的管理成效。

在日常管理工作中，优秀的管理者为了不让人感到难堪或者为了烘托本来想要直接表述的意思，常常会使用非常含蓄委婉的方法。这也是语言交际中的一种技巧。

在访美期间，冯骥才的一位美国朋友带着孩子前去冯所住的宾馆探望。谈话期间，那个壮得像小牛犊一样的孩子，爬到冯骥才的床上，站在上面高兴地又蹦又跳。这时冯骥才幽默地说道："请让你的宝贝儿子回到地球上来吧。"那个美国朋友也马上心领神会："没有问题，我现在就和他商量一下。"

假如冯骥才一看到孩子在自己的床上蹦跳就怒发冲冠地请他马上下来，势必会让双方都很不愉快。而那一句简短诙谐的话，自然比千百句的怨言与说教更让人容易接受。

美国总统林肯对每天送到白宫办公室桌上的那些成堆的冗长而又极其复杂的官式报告深感厌倦。有一天，财政部长像往常一样派人送来了财政报告，林肯很委婉地说："当我派一个人出去买马的时候，我并不希望这个人来告诉我这匹马的尾巴究竟有多少根毛，我只希望知道它的特点是什么。"

能够让自己的下属准确、高效地完成工作，是管理者进行管理的主要目的，而轻松的工作气氛非常有助于达到这种效果。幽默能够让人感到亲切，让工作气氛变得轻松起来。幽默的管理者总会让他的下属体会到工作的愉悦性。

在某公司的一次例会之前，有位年轻的女秘书问总经理是否看过一本当时非常流行的畅销书，总经理坦白承认自己没看过那本书。

这时，那个女秘书惊讶地大声说："啊，这本书都已经发行3个月了，您竟然都没有看过，简直太不可思议了。"总经理不慌不忙地对这位秘书说："尊敬的小姐，请问您读过意大利诗人但丁的名著《神曲》吗？"

那位女秘书摇摇头："我没读过那本书。"

"那您可一定要抓紧时间读啊！它都在这个世界上流行好几百年的时间了。"总经理说。

在那些让人尴尬的场合中，恰当的幽默能让气氛变得轻松起来。管理者可以充分利用幽默语言来批评下属，这样既不会让下属感到难堪，又能挽回自己的面子，重新掌握事情的主动权。

061 用心塑造幽默的管理品格

假如一个企业的管理者能够让每个员工都从内心赞赏他的品格，那么他就能够轻轻松松地指挥任何人。要想达到这种境界，管理者就一定要学会塑造自我品格，懂得运用人性化的管理方式。那么，管理者究竟应该如何塑造良好的自我品格呢？在这方面美国的西蒙·玻利瓦尔将军就为我们做出了很好的示范。

南美独立战争期间的一个冬天，在一座兵营的工地上，有位班长正在指挥手下的几个士兵安装一根大梁：“快加油啊，亲爱的孩子们！大梁已经在移动了，再加把劲，加加油！”一个衣着非常朴素的军官正好路过这里，见状问班长为何自己不动手。“哦，这位先生，因为我是班长。”班长非常骄傲地回答说。“噢，原来你是班长。”军官说了一句，随后下马与士兵们一起开始干活。

等到大梁装好之后，这位军官对班长说：“尊敬的班长先生，如果说你还有什么同样的任务，并且还需要有更多的人手来帮忙的话，你就尽管吩咐你们的总司令好了，他还会再来帮助你的士兵的。”

班长一下子愣住了，原来这位军官正是南美大陆的“解放者”、号称“独立战争的著名统帅”西蒙·玻利瓦尔将军。

要知道管理并非只是单纯的指挥，它还需要管理者适时地加入其中，或者能够亲临现场。对某些管理者而言，管理本身就是一项非常有趣的活动，他们会从中得到极大的乐趣，并会乐此不疲地干下去。

一个嗜酒的员工已经连续两天没来上班，经理就在这个员工的办公桌上留下了“7954”四个数字。员工来上班时看到了桌上的字条，不明所以，就去请教公司的秘书小姐。她说："经理是在用数字谐音告诉你，说你吃酒误事了。"

这位员工在数字后面画了一只"蝉"回复经理。经理看到后笑笑说："孺子可教也。"

过了段日子，员工故态复萌。经理就在"蝉"的尾部加上了一道"白烟"后放到他的桌子上。

未解其意的员工又一次去请教秘书小姐。她告诉员工说："前次经理说你因吃酒而误事，你回答说'知了'，现在仍旧醉酒如故，经理骂你知了个屁呀。"

该员工心生愧疚，从此洗新革面。

这位经理在批评下属时懂得采用另类的方式，这本身就包含着极大的智慧和艺术。幽默的人往往会在满足中获得前进的动力，绝不会在抱怨中失去自己的进取心。有幽默品质的人非常善于拨动笑的神经，会笑天下可笑之人，能容世间难容之事，这样的人，才是真正懂得幽默的人。

幽默往往还能够体现一个人的气量大小。越是为人豁达、自信的人，越是具有幽默感；越是性格自卑、自闭的人，越难以容忍身边幽默的存在。无趣的人并不见得就没有幽默的智慧，而是缺乏幽默的胸襟；不是由于强烈的自尊，而是由于色厉内荏的自卑。幽默感是健全人格的一个非常重要的因素。有位出版社编辑头顶无发，当有人取笑，称他聪明"透"顶之时，他居然笑着指着自己的光头说："不对，不对，我这上面早就'绝'顶了！"试想一下，如果他不是有着相当的自信，又怎么可能借他人的话来幽自己一默，博众人一乐呢?

可见，**幽默是人们生活中不可或缺的调味品、润滑剂，也是管理中不可或缺的工具。**有了它就能够消除误会，缓和紧张的气氛，让人放松戒备，甚至化敌为友。心理学家凯瑟琳曾经说过："如果你能让一个人对你心存好感，那么也就有可能让你周围的每一个人甚至是全世界所有的人都对你心存好感。只要你懂得用你的友善、机智以及幽默去传播你的信息，那么时空距离就会消失不见。"

062 美国西南航空公司的幽默管理

人类遵循的快乐原则是开心生活，乐在工作！每个人都需要用自己独有的方式来宣泄内心的压力与苦闷。作为一名企业管理者，对员工知心还不够，还要想办法让员工开心起来。走进他们的心灵，博员工一笑，让员工和企业缔结一份“心灵契约”已经成为许多成功企业管理案例中的常用方法。幽默的语言沟通、微笑管理、人情味以及亲和力，已经成为企业管理者必备的一些素养。总之，企业管理者要学会如何在感情上做文章，要将“情感管理”落到实处！

作为美国西南航空公司的创始人和该公司董事会的成员，赫布·凯莱赫的大名对于很多管理者来说应该不算陌生。在短短32年之内，西南航空公司就从成立之初的4架飞机、70多名员工，发展到现如今所拥有数百架飞机、3.5万名员工、年销售额将近60亿美元的规模，一跃成为美国第四大航空公司。这其中很重要的一点是，凯莱赫第一个创办了低成本运营的航空公司，因此催生了许多相似的新兴公司，也由此引发了低价航空行业的诞生。这一切成就的取得，都是和凯莱赫“优质的服务+较低的价格+企业雇员的精神状态=不可战胜”的管理信条分不开的，而他那幽默的管理风格也起到很大作用。

凯莱赫幽默管理风格的形成，得益于一次律师辩论赛。其中的一位律师坐在自己的位置上什么都不反对，非常柔和也很具智慧，和法官相处得十分和睦；而另一位律师则表现得咄咄逼人，用一个词表达就是：声震屋宇。这两个人接手的每个案件几乎都取得了胜利。

“这件事让我意识到成功有很多途径，不仅仅只有一条。”凯莱赫说道。在管理公司员工方面，他并不是依靠大喊大叫，他知道管理也同样有许多方法和技巧，幽默恰恰就是其中一种比较常见的方法。

和其他经理人相比，凯莱赫是为数不多的能将幽默当作一种管理技巧的经理人。在1992年，由于Stevens航空公司与西南航空同时使用了“聪明飞机”的广告词，两家为此产生了纠纷。为解决这个问题，凯莱赫提议与Stevens航空公司的CEO掰手腕，获胜的一方就可以拥有该广告词的使用权。最后，凯莱赫不幸落败。然而他这种善意的解决问题的方法，赢得了美国公众的一片赞扬之声，连Stevens最后也非常乐意让西南航空继续使用这个广告标语来进行宣传。

在公司里，凯莱赫还经常与雇员们无拘无束地进行闲谈，员工们都亲切称呼他为“凯莱赫大叔”。除此之外，他还常常参加公司总部举办的周末晚会，鼓励乘务人员扮成滑稽的小丑、玩击鼓传令这一类的小游戏。到了特殊节日，凯莱赫甚至会自己穿上小精灵服装，以博员工一笑。

凯莱赫的这种幽默管理方式已经给企业管理者们做出了很好的榜样。既然笑是一把打开心灵的万能钥匙，管理者们为何不去运用这把万能钥匙呢？一定要开开心心工作，高高兴兴生活——这也正是我们全人类所追求的目标！微笑经营和幽默管理，诸如此类借助心理疗法的管理模式在国外早已经被证明是行之有效的，其必要性与可行性已是不需言说了。

在凯莱赫的带动下，西南航空公司的其他管理者们，经常鼓励员工利用幽默的方法使工作充满激情和快乐。如果乘客曾经乘坐过这个空中欢乐客车，很可能会看到一个充满创造性的、独特的飞行服务员模拟如何应付紧急情况。

“当音乐响起时，你可以有50个理由离开你的爱人，但你只有6个理由离开我们的飞机。”“那些想抽烟的朋友将会被请到我们的机翼上去，在那儿我们将为你演一场电影《随风而逝》。”“虽然我们从不希望机舱内的压力发生变化，如果一旦发生……别尖叫，来一杯啤酒，不要学克林顿，喝下去。”

看完这些幽默的话语，也许你会说：“真有趣，这听起来就像一个游戏。”是的，但西南航空公司得到的结果是：忠诚的顾客高兴地从四面八方寄来数以千计的信，对他们的工作表示赞赏。而且，在飞机上，与其他航班不同的是，乘客们都高度重视紧急措施并记得所有方法！这难道不重要吗？面对西南航空公司屡屡打破的利润纪录，幽默快乐也的确让管理者实实在在领教了它不同寻常的本领。最起码，它会使员工精神焕然一新，彼此团结合作，在快乐中消除员工的孤独感或被抛弃感。

我国企业家调查系统的调查结果显示，企业的经营管理者和普通员工普遍工作时间都比较长，经常被紧张和繁忙的工作所包围，心理压力往往都比较大，相当数量的企业管理者对自己的健康状况表示忧虑，处于亚健康状态的管理者并不罕见。与之相反，很多欧美企业与优秀港资企业，则能够充分尊重人的个性发展和需求，主张运用人性化的管理方式，将员工视为合作伙伴。比如，有些外企的CEO每天早晨率领高层人士向全体上班族鞠躬以示谢意。

因此对待同样的行为，不同的企业管理理念就会导致截然不同的管理效果。比如，在员工使用电脑的问题上，多数企业甚至以严惩重罚的方式限制员工上班时间上网玩游戏；而有一部分公司反倒鼓励公司员工上网聊天。禁锢与宽松这两种相互对立的管理模式或许就存在于两个相邻的企业中。

自古以来管理一词好像都是和严格、禁锢以及控制等词联系在一起的，然而这样的管理理念早已过时。**新的时代要求我们提倡新的管理方式，企业管理者需要的是一支“高效、健康、幸福”的员工队伍，所以他们的首要任务就是想方设法去塑造这样的队伍。**高效的队伍需要与之对应的高效的工作环境，因此企业管理者要消除枯燥沉闷和压抑死气的工作环境，为员工创造出一个宽松而又愉悦的氛围。只有上升到这个管理层面之后，才能将管理工作更好地开展下去。

第八章 谈判中的幽默口才

063 幽默可以淡化谈判双方的对立情绪

在社会生活中，每个人都不可避免地要与别人接触，个人的、团体的，或者为了荣誉，或者为了金钱，或者为了地位，或者为了自由……因此，我们就自觉或者不自觉地成为谈判的参与者了。

在一些人的心中，谈判是很一件很庄重、很严肃的事情。其实，谈判中运用幽默口才，能够缓和紧张的形势，促成友好和谐的商谈气氛，无形中就缩短了双方的心理距离，减弱了对立感。

幽默口才能够让你在谈判中备受欢迎，通常在“山重水复疑无路”时，很快变成“柳暗花明又一村”。并且，谈判时运用幽默口才能使你情绪良好、充满自信，从而在谈判中思路清晰，判断准确。

在与人谈判时，适度的幽默对创造良好的气氛有很大帮助。幽默能让大家精神放松，进一步密切双方的关系，营造出一种友好、轻松、诚挚、认真的合作氛围。对谈判双方来说，这都是非常有益的。

1943年，英国首相丘吉尔和法国总统戴高乐由于对叙利亚问题的意见产生了分歧，两人心存芥蒂，其直接原因是戴高乐宣布逮捕了布瓦松总督，而此人正是丘吉尔颇为看重的人物之一。要解决这一件令双方都颇感棘手的事，只有依靠卓有实效的会晤了。

不过，丘吉尔的法语讲得不是很好，而戴高乐的英语却讲得非常漂亮，当时，戴高乐的随员们以及丘吉尔的大使达夫·库柏早就知道这一点。

会晤的这一天，丘吉尔是这样开场的，他先是用法语说道："女士们先去逛市场，戴高乐和其他的先生跟我去花园聊聊天。"

接着他用足以让人听清的声音对达夫·库柏说了这么几句英语："我用法语对付得还不错吧，是不是？既然戴高乐的英语说得那么好，他完全可以明白我的法语的。"他的语音未落，戴高乐及众人就哄堂大笑起来。

正是丘吉尔的幽默语言才消除了紧张的气氛，创造了良好的会谈气氛，使谈判能够始终在和谐、信任的氛围中进行下去。

历史上最让人忍俊不禁的要数丘吉尔和罗斯福的一次传奇性会谈了。

"二战"期间，武器供应紧张，丘吉尔来到华盛顿与罗斯福会晤，请求军需物资方面的接济，会谈在第二天进行。次日凌晨，丘吉尔躺在浴盆里，抽着特大号的雪茄，做沉思状。谁料到，罗斯福突然推门进来了。丘吉尔当时赤身裸体，大腹便便，大肚子还露出了水面。

此时，两人对视，都不禁一愣。很快，丘吉尔微微一笑，对罗斯福说道："总统先生，大英帝国的首相在您面前可真是没有半点隐瞒啊！"

说完，两个人都不约而同地笑了起来。这轻松的时刻，让他们忘却了纷争，忘却了艰难，从而开始了真诚的合作，也使这次谈判取得了成功。

幽默是智慧女神的宠儿，成功永远属于有智慧的幽默之人。

064 以幽默回击对方的无礼与攻击

在谈判中采取幽默的姿态，不仅可以钝化双方的对立感，营造友好、和谐的会谈气氛，还能在不经意的话语里暗含杀机，在笑谈之中有力地维护自己的立场。

在谈判的时候，双方首先要懂得相互尊重。不论双方代表在个人身份、地位上有多么大的差异，或者他们所代表的组织在力量与级别等方面如何强弱悬殊，一旦走到谈判席上，他们就都是平等的。

可是，有的谈判代表自认为地位高，或者背后实力强大，在会谈的时候傲慢无礼，对谈判的另一方进行挖苦攻击，试图在气势上压倒对方，迫其屈服；还有的代表自身的涵养不好，谈判不顺利就恼羞成怒，对另一方进行侮辱谩骂。在这样的情况下，如果要想不辱使命、不失气节，而又不使矛盾激化，令谈判破裂，被攻击的一方就可以采用幽默的语言回敬无礼的那一方，灭其气焰。

战国时期，齐国的大夫晏子有一次出使楚国。楚王打算在接见他之前先将他羞辱一番，以此来挫齐国的威风。于是，楚王派人把城门关得紧紧的，然后在城门的旁边凿了一个仅能容一个人通过的小洞，让晏子从这个小洞子钻进城内。要是换了别人，也许会大发脾气或者怒而返回，那样就很难完成使命了。

而晏子只是轻蔑地一笑，说道："只有出使狗国的人才会从狗门进去，而我是出使堂堂的楚国，怎么能从这样的狗门进去啊？"楚王听说后，无言以对，只得命人打开城门，把晏子迎了进去。

随后，楚王接见晏子，看他身材很矮小，就挖苦地说道："难道齐国没有人了吗？"

"齐国临淄大街上的行人实在太多了，一举袖子就能把太阳给遮住，流的汗就像下雨一样，人们比肩接踵的，怎么会没有人呀？”晏子随口应道。

“那既然有这么多的人，怎么会派你这一个矮子作为使臣呀？”

“大王，我们齐王派出使者是有一定标准的，最有本领的人呢，派他去最贤明的国君那里。我是齐国最没有出息的人，因此就被派到楚国来了。”

面对楚王的人身攻击，晏子从容反击，他不仅顺着楚王的话贬低自己，抬高了自己的国家，同时还有力地奚落了楚王，楚王被他说得张口结舌。

在这个故事里，晏子以自己的机智与雄辩，打击了楚王的嚣张气焰，维护了自己个人和国家的尊严，为后来的谈判能够在平等互利的基础上进行铺平了道路。

在许多外交场合，老练而有素养的谈判代表经常会用一些委婉含蓄的辞令来表达自己的意见，这些暗示语的真正含义往往指向关键性的问题，而用这种表面温和的方式来表达，又可以使会谈气氛显得轻松、文雅，从而让尖锐的实质内容所造成的紧张情势得到缓和。

都说现代人谈恋爱越来越注重物质，很多男女见面时都把有车有房列为首要条件，适度的物质要求是不为过的，但若要求得太过分，则会显得浅薄势利。看看下面这对男女吧。

小姐问男子：“你有奔驰吗？”

男子摇摇头，说：“没有。”

“你有洋房吗？”

“也没有。”

小姐讪笑道：“那么，看来我们也没有缘分了！”

此时，男子无可奈何地起身，自言自语道：“难道非要让我把宝马换成奔驰，再把四百平方米的别墅换成洋房吗？”

开始时，这位男士由于还不明白女士的意图而故作糊涂，只管顺其话往下答，直到这个女士表明自己的立场之后，来了个回旋一击。相信等这个女士听完男士的自言自语，一定会脸红难堪的，因为在短短的谈话之中，她嫌贫爱富的心理已经表露无遗了，男士很难再与其交往下去，而这个女士则很可能因此而错过了一位条件很不错的对象。

对于这位嫌贫爱富的小姐，这位男子用调侃的语气回敬了她，貌似不经意，实则是对她势利心的讥讽。

065 移花接木的幽默谈判技巧

这里所谓的“移花接木”的幽默，其实指的是这样一种幽默：说话的双方，其中的一个人对对方话语之中的句子或者词汇加以改造，然后把自己的意思塞进对方的句子或者词汇框架中，来达到钝化攻击、缓和气氛的一种幽默语言风格。

一般来说，移花接木的幽默往往和偷换概念的幽默是一致的，它们所产生的幽默效果也是很相近的。

移花接木这种技巧也常常被用在谈判桌上。让我们来看看汉朝的东方朔是如何运用这种幽默谈判技巧的。

晚年的汉武帝沉醉于神仙之说，为了能够长生不老，十分相信方士的话。当方士把所谓的“不死之酒”敬奉给汉武帝之后，他就非常看重这些酒。而作为近臣的东方朔是个滑稽之臣，常常以伶俐的口才逗得汉武帝解颐。东方朔与汉武帝之间就是这样一种特殊的关系，因此，东方朔就趁机偷喝了汉武帝的“不死之酒”。汉武帝自然很生气，声称要处死东方朔。东方朔说：“陛下，臣喝的是‘不死之酒’。所以，臣是不会被杀死的。假如陛下把臣处斩，臣死了，那么，所谓的‘不死之酒’也就不是‘不死之酒’了。‘不死之酒’不能救臣于不死，难道还能对陛下的尊体有用吗？”汉武帝听了，细细寻思之后，觉得很有道理。

上面这个幽默故事告诉我们，想较好地运用移花接木这种幽默技巧，就要一开始就抓住对方的开场阐述，认真而又耐心地倾听对方的这段阐述，弄懂对方话中的内容，思考并理解对方的关键问题。假如对方开场阐述的内容与我方的意见差距较大，先不要打断对方的阐述，更不要马上与对方争执，而是应当先让对方说完，表示认同对方之后，再巧妙地转开话题，从侧面进行攻击。

另外，移花接木的幽默还是一种迂回的谈判技巧，而迂回谈判也是中国人经常运用的一种谈判方式，它和中国人含蕴深沉的文化心理十分相符。因此，在谈判的时候，迂回战术更适用于中国人的谈判桌。况且，对中国人来讲，一场针锋相对的、火药味极浓的商业谈判不一定是一场成功的谈判，因为中国人更乐意在彬彬有礼、谈笑风生的氛围中共同商讨问题，促进合作。

066 顾左右而言他式的幽默

顾左右而言他，是许多人都熟悉的成语，它也是一种幽默的谈判技巧。一般人在谈判刚开始的时候，都懂得运用这种环顾左右、迂回入题的幽默谈判策略，大多时候不会一碰面就急急忙忙地切入实质性谈话。双方代表也都表现得彬彬有礼，言语轻松、活泼。因此，双方有足够的时间来协调一致。

但是，在谈判过程中，随着所谈问题的深入，双方的内心都会越来越忐忑不安，特别是当谈判陷入僵局的时候。此时，可以运用顾左右而言他式的幽默谈判技巧来消除双方尴尬的状况，稳定自己的情绪，让谈判气氛变得轻松、活泼起来，从而打破僵局，掌握谈判的主动权，为谈判的成功奠定一个良好的基础。因此，这种顾左右而言他式的幽默将是你获得成功的重要策略之一。

在谈判时运用顾左右而言他式的幽默口才，可以让你化解僵局，时刻处于主动地位。

世界第一位女大使柯伦泰，曾被任命为苏联驻挪威全权贸易代表。有一次，她与挪威商人谈判购买挪威鲱鱼的事项，挪威商人的出价高得惊人，而她的出价也低得出人意料。于是，双方开始讨价还价。在激烈的争辩中，双方都不约而同地试图削弱对方的信心，互不让步，谈判顿时陷入僵局。最后，柯伦泰笑笑说："好吧，我接受你们提出的价格。如果我们政府不批准这个价格的话，我愿意用我的工资来支付差额。不过，这自然要分期支付喽，可能我要支付一辈子了！"

在这样一个谈判对手面前，挪威商人自然是无计可施，只得同意将鲱鱼的价格降到柯伦泰认可的水准。柯伦泰运用幽默巧妙地破解了谈判的僵局，最终使对方接受了己方的条件。

另外，婉转提问也属于顾左右而言他式幽默技巧的一种。这种提问是运用婉转的方法与语气，在适宜的场合向对方提出疑问。这种提问在没有摸清对方的虚实的情况下，先虚设一问，探出对方的虚实，然后采取相应的对策。一个出色的谈判大师总是巧于言辞，在谈判桌上，他往往运用自己的幽默口才，与谈判对手展开智慧和谋略的较量。

要想顺利地使用顾左右而言他式的幽默谈判技巧，在谈判中，还必须密切地观察对方态度的变化。

对方的身体动作、手势、眼神、脸部表情等，都能成为你的幽默素材。有时，谈判者有意识地运用这些形体动作来代替有声语言，尤其是在不允许或者不宜用语言表达的时候。例如咳嗽，有时表示内心的紧张不安，有时还用于掩饰谎话，有时则表示怀疑或惊讶，而在某一时刻，这一个举动又不仅仅表示一个意思。这就需要谈判代表善于联系对方的态度和言谈举止来加以辨别了。

067 善于倾听才能巧妙反驳对手

有句俗话说：锣鼓听音，说话听声，在谈判中也应如此。作为一个谈判代表，你要悉心聆听对方吐露的每一个字，密切注意对方的措辞、选择的表述方式、说话的语气，乃至声调的高低等，因为这是对方无意间透露消息的重要途径。当你认真倾听之后，就可以掌握一些有关对方的情况，这时，你就可以用幽默的语言来回击对方了。

有时候，这种谈判术会以其人之道还治其人之身。其实，这就是把返还幽默的技巧用在谈判之中。

返还幽默术十分巧妙，它使用的思维套路本来是对方的，而后由此及彼，“物归原主”，而它的目的是让对方搬起石头砸自己的脚。

一个大学生到一家公司去应聘。

“你有什么要求？”老板问。

“一个月薪水10万元，一年有一个月公费出国，公司给我租房子。”高才生说。

“我一个月给你薪水20万元，一年有两个月让你公费出国，还有，公司送你一栋房子。”

“这该不会是跟我开玩笑吧？”大学生惊讶不已。

“你难道不是在跟我开玩笑？”老板说。

这种返还幽默的方法在谈判中用处极大，它能抓住对方的话柄，顺着说下来，让谈话朝着有利于自己的方向发展，从而产生非常强烈的幽默效果。

不做正面抗衡是这种谈判方法的特色，它是在迂回的交谈中，先顺着对方的话说下去，借力打力来胜敌，从而达到自己的目的，产生幽默感。如果自己在谈判中处于不利的地位的时候，也可用这种善倾听、巧反驳的幽默方法使自己摆脱困境。

隋朝时，有一个人很聪明，但是说话有点结巴。官高气盛的杨素经常在闲暇无聊的时候，把这个人叫来聊天，两人经常在一起说说笑笑的。

有一次，那是年底的一天，两个人面对面坐着，杨素就开玩笑地说道：“有一个大坑，一丈深，方圆也是一丈，若是让你跳进去，你有什么办法能出来吗？”

听完，这个人低着头，想了想，就问道：“那有——有——有——有梯子吗？”

“当然没有梯子，”杨素说道，“若是有梯子，还用问你吗？”

这个人又低着头想了想，问道：“那是白——白——白——白天，还是黑——黑——黑夜啊？”

杨素回答道：“不要管是白天或是黑夜，你能出得来吗？”

这人说道：“如果不是黑夜，眼——眼——眼睛又不瞎，为什么会掉——掉——掉——掉到里面去？”

此时，杨素不禁大笑，又问道：“如果命你当将军，有一座小城，兵卒不满一千，仅有几天的口粮，城外还有几万人围困，若是派你到城中，不知道你有什么退兵之策？”

这人低着头想了想，又问道："那有救——救——救——救兵吗？"

"就因为没有救兵，才问你呢。"

这人又沉吟了一会儿，抬头对杨素说："我审——审——审慎地分析了形势，正如——如——如——如您说的，看来不免要吃败——败——败仗了。"

杨素大笑了一会儿，又问道："你是非常有才能的人，没有什么事情不懂的。今天，我家里有人被蛇咬了脚，你能医治吗？"

谁想，这个人应声答道："就用五月端午南墙下的雪涂——涂——涂——涂就好了。"

杨素问道："五月哪里能有雪啊？"

这人说："既然五月里没——没——没有雪，那么，腊月哪里有——有——有——有蛇咬人啊？"杨素笑着打发走了他。

在这个故事中，此人尽管是个结巴，回答问题却非常能运用善倾听、巧反驳的幽默技巧，他不但没有被杨素难倒，还在谈判中处处显出他的幽默与智慧。虽然这是一个古代的故事，但是类似的事情在现代生活中也会时常发生。

总的来说，善于倾听是幽默反驳的前提，而幽默反驳则是善于倾听的结果，巧妙运用这两点才能取得谈判的成功。

068 用模糊的语言来产生幽默的效果

在谈判中，我们若直陈其言、正面表态，往往可能让自己陷于被动的境地，这时你就可以运用模糊语言来灵活地进行表达。并且，运用模糊的语言还可以产生奇特的幽默效果。

下面是两国外交官的一段对话。

其中一位外交官说："阁下的声明是不是表示贵国政府对'××协定'的成效有所怀疑呢？"

另一位外交官就这样回答："我不准备这么说，当然你可以按照自己的理解去解释。"

第二位外交官虽对这个协定的成效有所怀疑，但又不好正面回答，因此他采用含糊其辞的幽默技巧，把这个烫手的山芋抛给了第一位外交官，避免了直接回答被对方抓住把柄的可能性。再来看下面这个故事。

许多年前日本京都市有两个邻居，一个是穷鞋匠，一个是渔行的富老板。

渔行老板很善于经营，他从早到晚剖鱼、煮鱼，把鱼串在竹签上，放在火炉上熏好晒干。

他做的鳗鱼特别好吃，他把鳗鱼浸在酱油里，然后放在油锅里炸，再浇上一些醋。

但是他有一个缺点，那就是太吝啬，对谁也不肯赊账。

邻居穷鞋匠非常喜欢吃鳗鱼，但他没有多余的钱买鱼吃。

但穷有穷的办法。

一天中午到了吃饭时间，穷鞋匠走到鱼店老板家里，从怀里掏出一块米饼坐到熏鱼的炉子边，一边和鱼老板闲聊，一边贪婪地吸着熏鱼的香味。

这味道多好啊！鞋匠用鱼的香味就着米饼吃，就好像自己嘴里有一块又肥又柔软的鳗鱼一样。

接连好几天，鞋匠都到鱼老板家里来吸熏鱼的香味。

吝啬的鱼老板发觉了鞋匠的计谋，决定无论如何要收他的钱。

一天早晨鞋匠正在补鞋子，鱼老板走进鞋匠家，默默地交给他一张纸，上面写着鞋匠到鱼店里去过几次，吸了几次熏鱼的香味。

“先生，这张纸为什么交给我？”

鞋匠心中已猜到八九，表面则装作不解地问道。

“为什么？”鱼老板不客气地叫道，“你难道以为每个人都可以随便到我店里来吸熏鱼美味吗？不行的！这种享受必须付钱！”

鞋匠听了一句话也没说，默默地从口袋里掏出两枚铜币放在茶杯里，用手掌捂住后开始摇茶杯，铜币发出很响的声音。

过了几分钟他停止摇动，把茶杯放在桌子上，笑着对鱼老板说：“听见铜币的声音了吧！现在我们的债务抵消了！”

“怎么抵消？你说什么？你不肯付吗？”

“我已经付给你了。”

“怎么付的？什么时候？”

“刚才！我以铜币的声音付了你熏鱼的香味。你要是以为我鼻子得到的比你耳朵得到的要多，我还可以把这个茶杯再摇几分钟！”

鞋匠说完就要伸手去拿茶杯。

吝啬的鱼老板生怕一会儿自己听到的声音比鞋匠吸过的香味还要多，便没等杯子发声就急忙跑回自己的店里去了。

生活中，我们每个人都可能会遇到耍无赖或无理取闹的人，对待这种人千万不能妥协，更不能屈服，最好用幽默的方法以其人之道还治其人之身。

美国沃思堡市亿万富翁巴斯四兄弟被喻为谈判桌上的奇才。在一次重大的谈判中，他们就巧妙地运用了这种谈判手法，非常简洁地把条件说清楚，然后给对方留下了充分的思考时间。

巴斯兄弟在1981年的时候想买下即将破产的皮尔公司，但是他们对皮尔公司的董事会说道："你们在其他地方或许能找到更好的买主！"接着将对他们可能产生兴趣的人的名字一一告诉他们。

最后，巴斯兄弟说："如果你们真的没有其他选择的话，就来找我们吧。"

结果巴斯兄弟如愿以偿，而这笔生意果然按照他们的意愿成交。

毫无疑问，巴斯兄弟的谈判技巧与水平是高超的。说起来，他们还有一个风趣而幽默的构思，那就是他们认为做生意好比追求女人，如果你狂热地去追求她，她说不定会扬长而去，而当你适时地后退时，她才会仔细地思考与你的关系，很有可能就会选择跟着你走。

先提出你的条件，给予对方足够的考虑时间，然后再坐下来谈，这时候你就已经在谈判中占据了主动地位。

069 将错就错，答非所问

在谈判中要记住，问有艺术，答也有技巧。假如问得不当，就会不利于谈判；万一答得不好，同样也会使己方陷入被动局面。

在谈判中，回答问题可不是一件简单的事情。因为，谈判者不仅要根据对方的提问来做出回答，还要尽可能地把问题讲清楚。况且，谈判者对自己回答的每一句话都负有责任，因为对方有可能把回答理所当然地认为是一种承诺，这就给回答问题的一方带来了一定的压力。因此，一个谈判代表水平的高低，在很大程度上取决于他回答问题的水平如何。

在谈判的时候，谈判者可以运用将错就错、答非所问的幽默技巧，来巧妙地扭转不利于己方的局势。

答非所问是指答话者故意偏离逻辑规则，不直接回答对方的提问，而是尽管在形式上响应了对方的问话，却通过有意的错位造成幽默的效果。答非所问并不是真的逻辑上产生混乱，而是以故意假装错误的形式，幽默地表达潜在的含义。

一个爱缠人的先生盯着小仲马问道：“您最近在做些什么呢？”

小仲马平静地答道：“我正在蓄络腮胡子，难道您没有看见？”

这位先生问的是小仲马近来做了什么重要的事情，小仲马故意把蓄胡子当作极重要的事情，显然与问话目的不相符合。

小仲马自然是懂得对方问话的意思，但是他偏偏答非所问，用幽默来暗示那位先生：不要再纠缠了。表面上，他好像是在回答那位先生，其实却没给他什么有用的信息。

在谈判中，利用这种幽默技巧也会起到让对方摸不清己方虚实的作用，进而赢得谈判的主动权。

答非所问需要讲究技巧，抓住表面的某种形式上的关联，不留痕迹地避开实质层面，有意识地去中断对话的连续性，求得出其不意的效果。这种幽默旨在另起新灶，从而跳出被动局面。

有个来自某发达国家的外交官问一个来自非洲某落后国家的大使：“贵国的死亡率肯定不低吧？”大使马上回答：“跟贵国一样，每人死亡一次。”

故事中，其实原本外交官的问题是就整个国家而言，想通过对非洲国家落后面貌进行讽刺来挑衅的。但这位聪明的大使没有理会他问话的要害点，却故意将死亡率放到每个人身上，颇具匠心的回答营造了别样的幽默效果，有效地回敬了那位外交官的傲慢态度，维护了本国的尊严。

在谈判中，由于双方在表达和理解上的不一致，错误理解对方说话意思的事情是常常会发生的。如果谈判对手对你的答复做出了错误的理解，而这种理解又恰恰有利于你时，你大可不必去更正或解释，而应该很幽默地将错就错，因势利导。总而言之，谈判中的应答技巧并不在于问题回答得对或者错，而在于应该说什么，以及如何说、怎么更好地处理突发情况等。

070 声东击西，更易出奇制胜

所谓声东击西，是指目标在西却先假意向东，出其不意地给对方一击。实际上，它是一种含蓄迂回的幽默技巧。在谈判中，利用语言来回击或者反驳对手的时候，这种声东击西的幽默技巧运用起来尤其有效。

声东击西包含很多内容，比如：欲东而西、欲是而非，明说张三、实指李四，明里问罪、暗中摆功，敲山震虎，指桑骂槐，含沙射影等。在各种谈判场合中，都可以巧妙地运用这种技巧，以产生强烈的幽默效果，从而取得谈判的胜利。

在《史记·滑稽列传》中记载了这样一件事：

楚庄王非常喜爱一匹马，给它穿上带有刺绣的衣服，并放在装饰华丽的屋子中，喂它吃枣脯，最后，这匹马因肥胖过度死了。

楚庄王就让群臣为马发丧，要以大夫的规格，用内棺外椁葬掉它。群臣们都认为这种做法欠妥，于是纷纷提出异议。然而庄王传下一条旨意：“谁若来劝谏我不要葬马，就对其处以死刑！”

优孟知道此事后，就到殿堂上仰面大笑，庄王非常惊讶，问他为什么如此。优孟就说用大夫之礼安葬这匹马太寒酸了，应用国君的葬礼来安葬。庄王一听更加糊涂了，就让优孟解释清楚。优孟告诉他：“应该给马儿刻玉为棺，还应动用兵卒、征用民夫为它修坟。下葬时，要让齐国和赵国的使节走在最前面，后面跟着韩国和魏国的使节，然后给马儿建造庙堂，用太牢之礼来祭祀它，还要封给它万户封地。这样诸侯各国就都知道大王把人看得轻贱，却把马看得很尊贵了。”

庄王听完幡然醒悟，明白自己差点铸成大错，于是打消了用大夫礼葬马的念头，而是改用六畜之礼将马葬了。

本来楚庄王要厚葬宠物，并且不容大臣提出任何异议，可是优孟的反话正说使之改变了初衷。

在《五代史·伶官传》中也记了一件十分有趣的事：

庄宗很喜好田猎，在中牟打猎的时候，践踏了许多民田。中牟县令为民请命，而庄宗发怒，坚决要杀他。伶人敬新磨得知以后，率领众伶人去追赶县令，把他带到庄宗马前，还责备他说：“你身为一个县令，怎么竟然不知道天子喜爱打猎呢？为什么让老百姓种庄稼来交纳税赋，却不让你管辖的百姓忍饥去荒废田地，好让天子驰骋田猎呢？你罪该万死。”于是，拥着县令前来，请求庄宗杀了他。庄宗听后，无奈大笑，赦免了县令。

在以上两则故事中，优孟和敬新磨两个人为了达到各自的劝谏目的，取得与君王谈判的成功，都巧妙地运用了反话正说、声东击西的幽默技巧。也就是使用与原来意思相反的语句去表达本意，表面赞同，实际上却是反对。**在谈判中，运用这种声东击西的表达方式，往往能收到直接表达所起不到的作用。**

在谈判中，要想运用声东击西的幽默技巧并取得好的效果，就需要静心默思，以及反复品味。因为这种幽默技巧的特点就是：你想表达的意思不是直接表达出来的，而是以迂为直，掩藏在所说出来的话的后面，对方在听完话之后，还得有个回味思考的时间，才可以体会出个中的奥妙，产生幽默风趣的效果，这种声东击西的幽默技巧也才能对谈判的结果产生影响。

所以说，一个真正有幽默感的谈判者，不仅要自己善于说，还要善于领悟对方的幽默。善于领会对方的幽默，也是谈判智慧的具体体现。

071 用旁敲侧击来扭转不利局面

在谈判中，如果需要批评或者提醒对手而又不便直接向对方提出的时候，便可以考虑使用这种幽默风趣的旁敲侧击法，从侧面提出一些看似和谈判主题无关的话题，以此来达到启示、提醒、警告等目的。

1969年9月的一天，美国国务卿基辛格就越南战争问题与苏联驻美国的大使多勃雷宁举行了会谈。谈判正在进行的时候，尼克松总统给基辛格打来电话。接完电话之后，基辛格就对多勃雷宁说："总统刚才在电话中对我说，关于越南问题，列车只是刚刚开出车站，目前正在轨道上行驶。"

而老练的多勃雷宁试图缓和一下会谈气氛，机智地接过话头说："我衷心希望是驾驶飞机而不是开火车，因为飞机中途还可以改变航向。"

闻听此言，基辛格立即回答道："总统是十分注意选择词汇的，我相信他是说一不二的，他说的是火车。"

在这次谈判中，基辛格巧妙地用火车的比喻，幽默地对对手进行了旁敲侧击，不仅鲜明、坚定地表明了自己的立场，而且语气和态度又不会显得十分强硬，从而令对手容易接受。由此可见，在谈判中，语言幽默、形象，往往能有效地活跃谈判的气氛，使谈判轻松、愉快，并且逐步向对自己有利的方向发展。

下面是一个现代生活中谈判的事例。

有一位顾客坐在一家高级餐馆的桌子旁边，把餐巾系在脖子上。餐馆的大堂经理感到非常尴尬，就叫来服务员说："你让那位'绅士'懂得，在我们的餐馆里，那样做是不被允许的，但是话要说得尽量委婉一些。"

这位服务员来到那个人的桌子旁边，很有礼貌地问道："先生，你是刮胡子，还是理发呢？"话音一落，那位顾客马上意识到自己的失礼，赶快取下了餐巾。

故事中的服务员并没有直接指出客人的失礼之处，而是以幽默的方式询问两件与餐馆服务项目毫不相干的事情（刮胡子和理发）。表面上看来，似乎服务员问错了，而事实上他是通过这种风马牛不相及的幽默话语，来善意地提醒这位顾客，不但使顾客意识到自己的失礼之处，而且又做到了礼貌待客，不伤害客人的面子。这个服务员用的正是旁敲侧击的幽默技巧。

当然，服务员不能把顾客当成对手来看待，不过，实际上这位服务员确实是和顾客进行了一次普通意义上的谈判。试想一下，如果服务员直接指出顾客不礼貌的地方，顾客必定会非常尴尬，可能就头也不回地离开了，并且以后也不太可能再来，餐馆就可能因此失去一位顾客。

因此，**在谈判中运用旁敲侧击方法时，还要注意，在说话之前要先动动脑子，从正面、反面、侧面等多角度地想一想，找出可以使对方得到启示的、多种不同的表达方式，选择其中最好的一种，从而达到预期的效果。**

第九章

演讲中的幽默口才

072 幽默使演讲充满魅力

如果能在演讲或当众讲话的过程中，充分运用幽默的语言，就能够大大提升你的魅力和吸引力。

知名作家库恩前往一位评论家的新居就餐。库恩在举起椅子时不小心将灯罩碰掉了。这时，那位评论家立即笑着说：“这盏灯罩的碎片可千万不能够随便丢掉，我又有一件向现代文学馆捐赠的礼物了。要知道这可是大作家库恩亲手打碎的灯罩呀！”

这一席话说得满座笑语，宾主尽欢。

在这里，评论家的当众发言之所以能够赢得满堂彩，正是因为他恰到好处地运用了幽默语言。

通常，制造幽默的方式有很多，不仅能用语言的形式展现给观众，很多时候还可以用一些视觉的方式来告诉大家到了乐一乐的时候了。而在演讲过程中，这些视觉的幽默就显得特别重要，往往能够收到画龙点睛的神奇效果，让你的演讲取得成功。

如果你觉得需要将视觉和听觉的幽默汇合在一起来活跃现场气氛时，就要尽量使用那些出人意料并且极富机智巧妙的方式。运用这种方式能够让会场的气氛变得轻松愉快。

很多时候，演讲过程中可能会出现一些突发事件，比如停电、某人撞翻茶杯等。那么在演讲者和听众之间的信息交流受到外界阻碍时，我们应该如何才能避免出现尴尬的局面，从而使演讲顺利地进行下去，并取得成功呢？

如果想解决这个问题，需要运用幽默，依靠幽默的力量来使你摆脱面临的困境。比如说停电时，你可以这样说："看来主人没按时交付电费呀。"或者干脆来几句俏皮话："现在我们来谈个条件，如果你们听完这个故事还不发笑，那么以后我就再也不讲它了。"这些俏皮话往往能够帮你应付那些演讲中以及生活中遇到的突发事件，让你摆脱尴尬。

事实上，这些句子并不是什么惊世骇俗的语句，它们只是在演讲慢慢趋于单调平淡时用来解围的钥匙罢了。听众对你的演讲付出的最好报酬就是他们的笑容。

有一位演讲家在演讲中曾经说道："近来你们有时会非常幸运地请到一个好的演讲人，有时又会非常不幸地请到一个比较糟的，今天你们可谓既有幸又不幸，这是因为我太太说我这个人既好又糟糕。"

通常演讲的结尾要比开头难以掌握，听众们都希望演讲者能够有一个精彩而有效的结尾。这同我们写文章一样，要讲究首尾呼应，前后衔接，演讲的结尾也需要设计出一些悬念来。而所谓的悬念，也就是在叙述某一件事情时，不要匆忙就给出你的结果，要慢慢来，一定要沉住气。用独具特色的语气以及戏剧性的情节来表现你所具备的幽默才华，在结尾时将最关键的话说出来让观众知道。

073 提前准备好幽默素材

演讲者要想在演讲中做到谈吐幽默自如、游刃有余，就要提前准备好演讲所需要的幽默素材。

狄斯雷利是英国的前首相，有一次他的演讲非常成功，一个年轻人就向他祝贺道："您刚才那席即兴演说简直太棒啦！我很喜欢这样的你。"

这时，狄斯雷利回答说："亲爱的年轻人，这篇即兴演说稿我已经足足准备了20年之久啊。"

这里所说的20年未免有些夸张了，然而狄斯雷利却告诉了演讲者一个道理——你要想发表一次成功的演说，要想和听众们打成一片，就必须花时间去收集一些笑话、故事、趣闻或者说是妙语。这些幽默材料，会让你的演讲更吸引人。

不管多么伟大的即兴演说家，都需要通过努力才能够获得成功。他们一旦走上讲台，就会神采飞扬、妙语连珠，让听众如痴如醉。

下面介绍几种比较常见的幽默素材是如何被演讲者利用起来的。

可以从自己的姓名上找到素材。有位姓胡的老教授很是幽默，他在79岁高龄时作过一次演讲。当时，胡先生健步登上演讲台，对台下众多学生朗声笑道："鄙人姓胡，就是糊里糊涂的'胡'，但为人却不糊涂。"

台下的学生们在胡先生谦虚的自我介绍中慢慢进入听讲的佳境。很多人的姓氏与名字都可能十分平常，从中很难找出幽默的素材来，其实大可不必完全围绕姓名去打转，其他类似的幽默素材还有很多。

比如，我们也可以从自己的属相上来找素材。下面就是一位属猪的男士在他的生日宴会上说的一段话。

这位先生说："各位来宾，女士们，先生们，欢迎大家光临寒舍，近日物价飞涨，猪肉也十分走俏，我又年长了一岁，身价也随之翻了一番，所以我在这高老庄特备了些薄酒，与大家一起高兴高兴。”

除在自己的属相上做文章之外，我们还可以在自家的宠物身上找到一些幽默的灵感。一天，有位女士带着她家的小狗出来逛公园，一位老太太看了她带的狗，非常奇怪地问：“为什么你家小狗的尾巴不是左右进行摆动，而是上下来回摇摆呢？”她回答道：“这完全是环境造成的。我给它做的窝还是两年前的那个，那时候它还没有这么大。”

很多时候，发发牢骚也能达到幽默的效果。不过牢骚要发得恰如其分才好，这样就不至于冲淡欢乐的气氛。牢骚发得洒脱轻松，才不失演讲者的风度；牢骚只有发得幽默，才能博取听众一笑。

有一个年轻人过生日，他说：“在座的诸位兄弟姐妹们，今天是本人的生日，大家都不用客气，一定要爽快地大块吃肉、大碗喝酒。哎，过生日又老了一岁，可叹兄弟我一大把年纪了，如今还是光棍一条。大家伙认真瞅瞅，我长得可是一表人才，居然没有一个女孩爱上我，你们说是不是有些奇怪。我在这儿就和你们打个赌，到明年的今天，你们诸位就等着瞧吧。”此时，有人笑着说了一句：“明年还等着瞧你这条光棍啊。”大家顿时笑作一团。

到底打的什么赌，等着瞧些什么，青年故意不去说明白，留给大家想象的空间，有位客人一下子点破了他的这个意思，这样也就产生了年轻人期望中的幽默的效果，达到了他想要的目的。

准备幽默素材，就需要我们在演讲之前先浏览一下自己的发言稿，考虑一下所面对听众的嗜好、职业以及性格特征，琢磨一下最近发生的大事件对人们产生的影响等，发现个中的差别、夸张甚至古怪的联系。而这其中所有含有双关含义的词组，体现相反背离的理念、情形和人物都很有可能成为幽默的源泉和载体。

074 幽默的开场白最能吸引人

在演讲中，开场白往往非常重要，有经验的演讲者都会在第一句话中运用幽默的语言方式，牢牢地抓住听众的心。高尔基曾经说过："开头第一句是最为困难的。它就像是在音乐中给了全篇作品以音调，演讲者往往要花费相当长的时间才能找到它。"

我们来看看高尔基是如何做到的。高尔基曾于1935年3月7日应邀在苏联作协理事会第二次全体会议上发表讲话。当代表们听到主持人说到高尔基的名字时，立即报以长时间的鼓掌和欢呼，高尔基迅速舍弃了原先准备好的开场白，即兴开始他下面的这句话："如果说将花在鼓掌上面的全部时间累积进行计算，那么时间浪费得着实不少。"

此时，台下响起一片友善的笑声。这个开场白的确很好，它对演讲现场出现的情况轻松幽默地做出了自己的评价，让大家倍感亲切。而且这个开场白也表现出高尔基自身良好的修养，进而吸引听众专心听下去。一位演讲者在个人的专场演讲中可能会非常从容，但当大家在同一时间、同一地点进行演讲（如演讲比赛、竞职演讲、即兴发言等）时，则由于受到时间、地点、气氛以及相同主题的制约，非常容易发生"千人一腔"的现象。在这种情形下，要想脱颖而出，顺利获胜，就需要有一种"大路拥挤改走小路"的创新精神，这是因为创新与幽默的思维方式是相同的。

在一所学校举办的纪念五四青年节即兴演讲比赛当中，王彤就曾用此法先声夺人。在她演讲之前已经有7名同学进行了演讲，他们的称呼大多数都是"老师们、同学们，大家好"，如果王彤还用这个称呼，是很难引起听众注意的。因此她就采用了别人从未用过的称呼语："在座的未来工程师、会计师、厂长、经理们，大家下午好！”

由于王彤所在的学校设有机械、铸造、会计和管理等专业，王彤通过这一符合实际情况又颇富新意、充满希望的称呼，立即像一块巨大的磁石一样吸引了听众，台下的说话声没有了，上千双眼睛都集中到她一个人身上，这为她的演讲创建了良好的情境，奠定了成功的基础。的确如此，一个好的开场白确实能够让听众牢牢记住你的名字。

凌峰先生就是一位非常擅长在演讲中运用独特的开场白，从而让听众记住他的台湾著名艺人。

1990年，中央电视台邀请台湾影视艺术家凌峰先生参加大陆举办的春节联欢晚会。在当时，很多观众对他还非常陌生，然而当他说完那妙不可言的开场白后，数亿观众一下子就认同并接受了他，他受到了热烈的欢迎。他当时是这样说的：“鄙人凌峰，我和文章并不相同。虽然我们都获得过‘金钟奖’与最佳男歌星的称号，但我是以长相难看而出名的……通常而言，女观众对我的印象都不太好，在她们看来我是人比黄花瘦，脸比煤炭黑。”这一番话说得戏而不谑，妙趣横生，让观众捧腹大笑。

不久之后，在“金话筒”之夜的文艺晚会上，只见他满脸含笑地对台下的观众说：“很高兴再一次见到你们，很不幸又让你们见到了我。”观众随之报以更为热烈的掌声欢迎他的到来。

凌峰的这两次开场白给人留下了坦诚、幽默的良好印象，自此之后，凌峰的名字开始传遍祖国大地。

休斯敦有位演说家说：“据我所知，幽默的目的就在于让听众喜欢台上讲演的人。如果说他们喜欢讲演的人，那么也必定会喜欢上他所讲述的内容。”也就是说，要擅于运用幽默的力量去驾驭演讲的开场白，这样才能够与听众建立成功的联系。

假如一开始演讲情绪就有些紧张，这时候不妨开开自己的玩笑，也能让自己的情绪稳定下来，神经得以放松。只要开了头，就不会感觉无从下手，切入正题后就会感觉到轻松自如。下面的这个开场白，就被传为经典。

有个身材颇为高大的演讲者，五官也大得离奇。他说："亲爱的女士们、先生们，你们已经用自己的双眼看到我是一个什么样的人了。我的耳朵非常大，就像是贝多芬的耳朵。然而长大以后，我为这对大耳朵感到害臊了。但是，现在我对它们已经习以为常了。究根到底，它对我站在这儿演讲并没有产生什么妨碍呀！"

这些对自己某方面身体特征的幽默解说，很容易就会给听众留下深刻的印象，也能很快拉近与听众之间的距离。下面是个在演讲中巧妙运用自嘲的幽默方式做开场白的案例。

黑人领袖约翰·罗克在面对美国白人听众做关于解放黑人奴隶的一场演讲时说："亲爱的女士们、先生们——我来到这儿，与其说是发表一次讲话，还不如说是给这个场合增深了一点'颜色'，当然，这个颜色是黑色的。"

就是这样一个自嘲式的开场白，引得台下的听众哄堂大笑。笑声也冲淡了因为种族差异而造成的心理隔阂，让沉重的话题顿时变得轻松起来。

开场白除了能够采用曲折委婉的方式取得幽默效果之外，还可以运用速成法，即在开场时迅速抓住听众的注意力。这方面有时候可以从听众的逆反心理着手，往往也能达到一定的幽默效果。比如一位演讲者是这样说的："我现在只有10分钟的发言时间，女士们、先生们，我该从什么地方讲起才好呢？"这时听众们肯定会回答说："那就从第9分钟开始讲起吧。"

的确如此，好的开场白只是整场演讲的开始，当你逐渐进入演讲主题之际，还必须继续坚持努力，营造出和开场时一样吸引听众的幽默效果。这是因为一般人的注意力都不会持续很久，特别是演讲人用极其单调的语言谈一个非常平淡的问题时，听众将会感到更无趣。

075 有针对性的幽默话题更受欢迎

在准备演讲之前，不妨先扪心自问：你的主题和听众究竟存在什么样的利害关系？能否帮他们排忧解难，或实现理想的目标呢？明确这些之后，再开始讲给他们听，这样就会吸引他们的注意力。你如果是一名会计师，你可以做这样的开场白："我现在要教你们如何才能够省下50～100元的税款。"你如果是律师，能教听众如何在生前拟好自己的遗嘱，相信听众一定会听得津津有味。在你掌握的专业知识领域内，不管怎样都能够找到对听众有所裨益的话题，以吸引他们的注意。

在演讲过程中，使用幽默最好是有所"预谋"，也就是说，不是所有的话题都能够拿来即兴幽默的。**演讲者只有根据演讲内容和场合等因素有针对性地选择一些幽默话题，才能够做到投观众所好，吸引观众的注意力，进而取得你所期待的效果。**

马云是阿里巴巴的创始人，曾被母校杭州师范学院邀请返校进行演讲。马云上台之后，一开口就让母校的师弟和师妹们笑得合不拢嘴："前两天我刚刚从美国回来，在美国参加会议的时候有人就问我，我的英语是从哪里学来的，我回答说中国杭州师范学院！在我们的公司，虽然有来自北大、清华，也有一些来自哈佛、耶鲁等世界名校的学生，然而如果你在我们公司问问哪所学校最好，员工都会回答说：当然是杭州师范学院了！没有办法，因为身在阿里巴巴，他们只能这样回答。”

这样巧妙的开场，既让马云避免了对母校的刻意恭维，又用自己的切身经历表达了对母校的感激之情，并引发了一股强烈的集体自豪感。与此同时，又恰当地使用了个人成功的事例来告诉母校的莘莘学子：凡事皆由人而为，外部环境并不是影响成功的决定性因素，个人的努力才是最重要的。而个人如何去努力的部分，只有认真听完后面的演讲才能清楚。这样自然又为自己演讲的内容设置了小小的悬念，也成功地吸引了大家的注意力。

在这里，马云的幽默之所以能够取得事半功倍的效果，其主要原因就在于他非常清楚观众需要的是什么。就像作为一名商人，你必须提供出市场所需要的商品，才能尽可能多地赢利一样。马云知道他所面对的是一群虽说有青春激情但始终稚嫩、懵懂的在校大学生，他们最需要的是自信以及平凡人创造成功的可能性，他们需要的是一种引导。而作为他们的师兄——成功人士马云，恰好能够满足他们的这种精神需求，因此他的演讲才会引起他们极大的兴趣。

同样精通“因地制宜”演讲之术的还有微软总裁比尔·盖茨。2007年，比尔·盖茨受邀在哈佛大学毕业典礼上进行演讲。

众所周知，比尔·盖茨虽然曾就读于哈佛，然而他并没有取得任何学位，而是选择中途退学并创办了微软。所以，哈佛学报曾称之为“哈佛大学历史上最为成功的辍学生”。这件事也让他的这次毕业演讲显得颇为神秘。

然而，精明的盖茨却将自己的“丑闻”当作了“因地制宜”的最佳题材：“我为今天所有在座的各位同学感到高兴，要知道你们拿到学位可比我容易多了。”一句略带自嘲的幽默，表达了他对毕业典礼现场的主角们——顺利完成哈佛学业的优秀毕业生们的衷心祝福。毫无疑问的是，这也是现场学生希望听到的最好的祝福。

在接下来的演讲中，他始终紧抓学生们的思维方向："那么，我为何会被邀请在你们的毕业典礼上进行演讲呢？我想，在所有的哈佛辍学生当中，我是做得最为出色的，因此我有资格代表我这一类学生发表讲话。同时你们也应该感到庆幸，我并没有出现在诸位的开学典礼上。我是个有着恶劣影响的人，在这里我要提醒大家的是，我让SteveBallmer（注：微软总经理）也从哈佛商学院选择了退学。因此，假如我在你们入学欢迎仪式上进行演讲，那么能坚持到今天在这里毕业的人也许会少很多吧。"

即便是一直延续着幽默的自嘲，盖茨的话题也始终停留在毕业典礼这件事情本身。因为或许在他看来，自负的哈佛毕业生们渴望听到的不是那些谆谆教诲，不是教育他们如何才能成功的废话，更不是盖茨个人的创业成功经历，因为这些他们都了解，因此盖茨始终在自嘲。

在后面的演讲过程中，他简单讲述了自己认为什么才是人生最有意义的事情。而"有意义"与"成功"是两个不同层面的话题，很显然，聪明的盖茨是不想引发在场的那些高才生们的厌恶心理的。

076 让幽默的故事为你的演讲增光添彩

幽默故事往往是快乐的源泉，你可以充分利用它们来为你的演讲增光添彩。比如说，你可以拿出一个笑话作为基本内容，然后再以它为母体实施变通，使之适合于任何一个已经指定的题目，或者发展它的某方面的趣味性，进而衍生出一系列笑料。

演讲时，为了增强演讲的效果，加深台下听众的印象，可以穿插一些现成的幽默故事。但是穿插时一定要注意：穿插进去的内容一定要和演讲的话题有关，能起到说明、交代以及补充的作用；穿插的内容务必坚持适度的原则，不可过多或过滥，因为那样往往会喧宾夺主，让演讲的中心旁移；衔接务必做到自然得当，切不可让他人觉得勉强或者说节外生枝。下面的报告中，教授穿插的歇后语就显得恰如其分。

一次，有位教授给学生做报告，中间接到一张条子，问：“有人认为思想工作者就好像是医院的五官科——摆摆官架子，口腔科——耍耍嘴皮子，小儿科——骗骗小孩子，你认为这个比喻恰如其分吗？”这个问题颇具锋芒。

教授妙语解答说：“对于今天的思想工作者，我个人认为是理疗科——能够以理服人，达到潜移默化、增进健康的目的。”

此外，在演讲中插入那些风趣、幽默的谈笑，还要顾及一个速度问题，太过匆忙或者太过缓慢都不能达到预期的效果。所以要掌握好速度，恰到好处地对时间进行控制。

演讲者还可以就地取材趣说幽默，在日常生活中那些极富特点的人或事中注入一些幽默的因素，使之成为推进演讲过程得心应手的材料，以博取听众一笑，实现自己的演讲目的。

英国首相丘吉尔某次登台后声称：“现实中，只有两件事情要比餐后的演讲更为困难：一件是去攀爬一堵已经倒向你这一边的墙；另一件就是去吻一个倒向另一边的女孩子。”

一些比较高明的演讲者还会运用古今杂糅的方法，将古人的事运用时下最时髦的现代语汇进行解说，或者是把现代的事情用古代成语进行描绘，这种异相拉近的幽默效果也非常好。在演讲过程中可以随时加以运用，比如，谈到消费的时代性时我们可以来一句：“慈禧太后虽说骄奢淫逸，但她从来不吸万宝路，从不喝雀巢咖啡，也从不看外国大片。”讲到文凭和职称的问题时，可以这样说：“孔夫子一来没有文凭，二来缺乏职称，他却在杏坛办了学习班，并且培养出不少哲学、伦理学以及教育学方面的超级人才来。”

一些更为高明的演讲者还能够通过讲述自身经验中那些人人有共鸣的矛盾之处作为“楔子”引发话题。

知名作家吉卜林在向英国一个政治团体发表演说时，运用了下面这个幽默，使得全场捧腹大笑：“亲爱的主席，各位女士们、先生们，我年轻时，曾经在印度当记者，专门替当地一家报社报道犯罪新闻。这是非常有趣的一项工作，因为它让我认识了一些骗子、挪用公款者、谋杀犯以及一些非常有进取精神的正人君子（听众大笑）。有时，我在报道了他们被审的经过之后，就会去监狱看望这些正在服刑的老朋友们（听众大笑）。我记得其中有一个人，由于犯谋杀罪而被判了无期徒刑。他是一位聪明、说话温和而有条理的家伙，他把他的‘生活教训’告诉了我。他说，‘以我本人为例：一个人一旦做了一些不诚实的事情，就会难以自拔，一件接一件不诚实的事情就会一直做下去。直到后来，他突然发现，他必须将某人除掉，才能让自己恢复正直。’（听众大笑）目前我们的内阁正是这种情况的真实写照。”（听众欢呼）

在这里，吉卜林没有平板地陈述自己记忆中的旧闻旧事，而是非常幽默地围绕即将进入的政治话题渲染了一些近乎怪诞的生活趣事，进而建立起自己与听众的沟通交汇点。

077 根据演讲的类别添加幽默的因素

因为演讲的种类非常繁多，所以要根据其性质来决定幽默在其中的施加量。演讲如果单从内容上来分类是非常多的，包括调查分析、文件传达、访问介绍、学术报告、形势报告、专题报告、释疑解难、鼓动、设论、逗乐以及漫谈等。

如果按照演讲听众的心理动力形式来划分的话，主要分为鼓动性演讲、说理性演讲与陈述性演讲3种形式。

1.鼓动性演讲

所谓鼓动性演讲，是一种用鼓动性话语或者讲经历、讲故事的方法来震撼人以及折服人的演讲方法。像我们过去惯用的“忆苦思甜”就属于这种演讲方式，它要在唤起人们眼泪的同时引发人们听讲的兴致，且“忆苦思甜”的重点就在于“思甜”，当然不能不施加一些幽默的因素，否则就会适得其反。

20世纪70年代，一所中学请了一位目不识丁的老贫农来做一次忆苦思甜的报告。这位老人非常幽默，常常使用一些俏皮话和歇后语，当他说到那一年全家挨饿的情景时说：“我们全家老小都变胖了。”听众顿时愕然，他马上接着又说道：“眼珠子一个个都胖了！”大家一下子忍不住笑出声来。提到现在的生活变好了，他又说：“现在生活好了，我每天都是猪八戒吃窖糠——酒足饭饱，晚上还能去钻钻《地道战》看一看《白毛女》。”惹得全场都大笑不止，“忆苦”的气氛被大大冲淡了，思甜的气氛变得浓厚了许多。

诸如此类的演说，对听众心灵的撞击比较猛，多在鼓舞信心或者在讽刺邪恶时稍微加一些幽默的因素进去。由于鼓动性演说的分量比较重，气氛往往比较严肃、庄重，因此不宜过多地施加幽默，不然就很有可能会破坏其固有的庄重氛围，达不到演讲的目的。

2.说理性演讲

说理性演讲是一种以谈形势、做传达的政治报告以及学术报告为内容的演讲。这类演讲通常着重通过说理来折服听众。说理过程往往要求生动而又形象，这时，我们就可以适当增加幽默的施加分量。

著名遗传学家谈家桢教授在一次演讲时，讽刺一些人过于追赶时髦，常常自诩为“米丘林学派”，打击摩尔根学派。谈教授不无幽默地说：“有人喜欢为自己贴标签，但又不好意思自己贴，还要请别人贴。一提到摩尔根学派就会大骂‘主观’‘唯心’，甚至连‘反动’和‘反革命’都出来了，实在是用心良苦啊！”话刚说到这里，就见那些搞学术一言堂的人都羞愧地红着脸低下了头。

这种幽默效果就是说理性演讲带来的。

3.陈述性演讲

陈述性演讲是一种漫谈式的，没有特定主题的即兴、随意演说，是一种轻型演说，被誉为“无标题音乐”。由于演讲本身内容比较自由，幽默也更显得无拘无束，甚至可以通篇使用幽默语言。

1955年，郭沫若重返日本九州大学进行了一次演讲，那也是他的母校，他说：“在这里我要郑重地向我以前的老师表白，我作为一名医科大学生，其实并不是一个‘好学生’，福冈的自然景色实在太美了，千代松原真是十分的美丽。因为天天都接近这样美好的自然，我在学生时代就没有办法集中精力用功学习，对于医学也没能认真地进行研究，而是跑到别的路上去了。”他不无幽默地说：“当时我在教室里听先生在台上讲课时，就忍不住一个人偷偷地在课本上写诗了。”郭沫若的这些话，让场内不时发出欢快的笑声和热情的掌声。

078 和主持人一起幽默配合

演讲者遇到的第一个难题通常就是：当主持人向台下的听众介绍你，并且极力称赞你的时候，你该如何做才会更好呢？

在学术领域颇有名气的胡教授，有一次被邀请前往一所大学做报告。至于如何开讲，胡教授心里也没数，最后他决定按照最常规的方式开讲："各位老师、同学们，大家好！非常高兴能在这里见到你们……"

主持人这时忙接着说："下面就请胡教授给我们大家做报告。"

在听到主持人这样的介绍之后，胡教授突然灵机一动，拿过眼前的话筒，接着主持人刚才的话说道："这次我不是来向诸君做什么报告的，我就是来'胡说'的。"话音刚落，听众已经笑作一团，下面的演讲进展得非常顺利。

在这里，胡教授的幽默就在于巧借自己姓氏以及主持人的介绍做题材，反其本意而用之，"胡说"一词则作为点睛之词，幽默效果自然而然就出来了。胡教授通过与主持人的配合，做了一个异常绝妙的"一石三鸟"的演讲开场白，既巧妙地向大家介绍了自己，又体现出演讲者谦逊的修养，且活跃了场上的气氛，让演讲者与听众的心得到进一步的沟通。

很多时候主持人过于热情的介绍、过分的赞扬也会带来一些问题，应付这种情况的最好办法就是开个小小的玩笑。比方说："看来我现在被我的主持人朋友给出卖了。他曾在台下向我保证，说在座的各位会因为我的到来而深感荣幸，现在看来恐怕并非如此。”

如果你要用自己的方法来影响主持人对你的介绍，并且尝试让自己和听众的紧张情绪安定下来时，不妨借用一些别人说过的话。比方说，你可以借用英国丘吉尔曾经说过的话：“我感觉自己就像是一只熊掉入了蜜蜂窝，但愿我口中的舌头不会辜负这一番好意带来的挑战。”

要么干脆说：“为了今天的这次演讲，我已经足足准备了一个星期，差不多能够背得滚瓜烂熟了。只要你们大家能像墙上的那面镜子一样，我想我是能够顺利通过这次考验的。”

假如你的姓名比较特别，或者说容易出错，那么不妨运用一些幽默的方式让主持人知晓。著名演讲家德克就是此方面的行家。下面是他与主持人之间的一段对话。

“请问您怎么称呼，先生？”

“哦，我的名字叫德克。”

“那您是得克萨斯州人吗？”

“不是的，我是路易斯安那州人。”

“那您为何取名德克？”

“我认为我叫德克应该会比路易斯好一点儿吧。有这样一个怪名字的确有很多好处，不过到目前为止我还没发现这名字带给我什么好处。”

上面所说的是介绍自己的一种非常好的方式。但是，需要注意的是，在自我介绍时用语一定要真实可靠、简洁易懂，让主持人很快就能够明白。这样一来，主持人就会非常乐于同你合作。在和主持人之间建立起融洽关系的基础上，还需要运用幽默的力量来应付一些突发状况。

一位演说家在主持人介绍失误以后，面带微笑，从容地对现场的听众说：“我希望我能够告诉大家这是一次最好的介绍，但是事实并非如此。你们知道让我最为满意的一次介绍是如何得到的吗？那是一次面对千万人的演讲会，我十分盼望能够得到最伟大的介绍，结果这个机会终于让我得到了。那就是由我自己进行自我介绍。”

这时，场下一片大笑，演说家也摆脱了尴尬的局面。

就像幽默理论家赫伯·特鲁所说的那样，“当一个演说家站在舞台上，如果他知道笑是一剂良方，自己却不打开瓶盖去服用，那几乎能够断言他是一名失败者”。在演讲过程中，同主持人幽默地配合，不仅能得到主持人的支持，还能够加深听众的印象以及提高他们听讲的兴趣。

总之，**一个成功的演讲者，是不会忽视主持人的存在的。**他会与主持人进行密切的配合，让演讲更顺利地进行下去。

079 学会巧用触媒，做到借题发挥

在演讲中，很有可能会出现一些难以预测的情况，此时，一个好的演讲者就需要做到即兴演讲。所谓即兴演讲，就是能够巧妙地利用触媒，恰当地临场引发。那些触媒在这些特殊时刻里绽放，就如昙花一现，虽说时间非常短暂，但是给听众带来的快乐却是绵绵不绝的，你在尚未想到以前，听众已将你视为一名优秀的演说家了。

在一次演讲中，有一只狗突然爬上了讲台，摇着尾巴注视着台上的演讲者，听

众都忍不住哈哈大笑。此时，演讲者非常轻松地耸了耸肩，说道："我的演讲看来相当精彩，因为不仅吸引了人，还吸引了这条看起来智商相当高的小狗。"狗这时并未主动下台，演讲者又说："请你到外面去玩吧，这儿可没有你喜欢的肉骨头。"这时，会议主持人就赶紧将狗赶下台去，演讲得以继续进行。

通常，演讲过程中如果出现类似上述的情况时，演讲者都会非常尴尬，面对现场听众的笑，有些演讲者甚至会感到不知所措。而上面故事中的演讲者却能够巧妙借助突然出现的触媒，机智地进行发挥，营造出幽默的气氛来。

在演讲时，麦克风有时会突然发出一阵刺耳的怪叫声，这时演讲者可以微微耸耸你的肩，用形体动作来表达自己的无奈。等到麦克风修好之后，演讲者可以将刚才的麦克风故障作为触媒来上几句幽默话，来缓解听众心中的不满情绪。

你可以这样表述："刚才我刚一开口，就听到了屠宰场里杀猪的叫声，现在猪已经不叫了，大概猪已经杀好了。"或者这样说："我妻子总是说我的声音就像动画片里的唐老鸭，刚才麦克风将唐老鸭的声音一放大，听起来倒更像一个五音不全的破喇叭，真是遗憾呀。"

不管如何，幽默一定要和当时的话题有所关联，你要让它成为你信息的一部分。在演讲过程中，如果一直平平淡淡地讲下去，很可能讲不出什么新意来，这时演讲者就可以借助触媒，开拓新颖的思路来吸引听众的注意。

有位演讲者在演讲中说："在座的各位朋友，各位先生、女士，几天前我在厦门很荣幸地被一家大饭店邀请到他们的职工俱乐部进行演讲——那是一家什么样的大饭店呢？请稍等片刻，我这里现在就有。"演讲者马上将手伸进外套口袋，摸出来一把银钥匙，拿起来大声地"读"："哦，原来是鼓浪大饭店！"通常而言，找到的"触媒"应该是能形诸视觉或是听觉的具体事物，引发时一定要巧妙地建立联系，在一定程度上赋予这个实物一个新而深的含义，两者之间要有同有异。因为唯其异才能够产生新意，唯其同才能由此引开话题。

所以，演讲时一定要认真观察、多方感受、快速思考，发挥自己的联想。根据自身所处的特定时间和特定地点，巧妙立意、构思，讲出一个奇妙的故事来。

080 表面故作呆板，制造现场幽默

有一天，一个大老板巡视他在印度开办的工厂，看着看着，就瞧见一个员工正埋着头卖力地干活。

他走过去拍拍员工的肩膀，鼓励他道："努力干吧！我以前也是和你一样。"

员工抬起头来，笑一笑，也伸手拍拍大老板的肩膀，说："你也努力干吧！我以前也是和你现在一样。"

在上面这个例子中，员工所用的就是故作呆板幽默术。所谓故作呆板幽默术，就是指在办事认真过了头，应该予以变通的地方却仍然拘泥不化，呆板地面对所遇到的问题，让人感觉荒谬可笑，这会产生另外一种幽默效果。这种幽默术的关键就在于固执呆板的语言表达和现实的真实性能够形成一种强烈反差，而这种反差恰恰就给言语以及自身的行为注入了幽默元素。

在一个博物展览馆中，一位颇有经验的讲解员正在给观众们讲解眼前的化石。

"亲爱的女士们、先生们，请大家仔细观看这块1500012年前的恐龙化石！就是你们面前的这块。"

"是吗？请问讲解员先生，您如何得知这么确切的年代呢？连这12年的零头都

未曾忽略！而据我目前所掌握的信息，科学家们鉴定的结果远远没有达到如此精确的程度！”

“这是因为我是在12年前受聘到这儿当解说员的。当时馆长就告诉我，这是一块150万年前的恐龙化石，我并没有记错。”

显然，馆长跟他说的150万年的这个数字只是一个概数，这位风趣的讲解员却故意机械呆板地把这个数字理解成为一个确数。之后，他又刻意加上了自己曾在这里工作过12年的时间，这其中带有一定的荒谬色彩，让人感觉非常幽默，禁不住要开怀一笑。

我们再来看看下面这位作家是如何故作呆板表达谦虚之情的。

有位颇富幽默感的作家在一次为他召开的新闻发布会上，大胆地承认：“这30年来所给我的最大体验，就是对我自己的清醒认知——我自己并没有任何写作方面的天分。然而，现在说这些为时已晚。”他颇有些无可奈何，略加停顿后，又接着说下去了：“但是我不能够放弃写作，因为写作给我带来了名气，我现在太有名气了！所以更不能放弃。”

如果说上面的这位作家直接表达谦虚，说我写的文章如何不好，也没有什么写作天分，听众很可能会觉得他说的都是一些空话套话，认为他十分做作。他正是运用这种故作呆板的技巧，幽默地进行了阐述，效果反倒出人意料。

由于年龄小，知识掌握得还不够，天真无邪的孩子们有时候会呆板地看待周围的一些问题。

有位老师在课堂上给小学生们这样讲课：“我们国家的人口形势十分严峻。据国家有关部门最新统计，现在我国的人口已经达到了12亿。”这时下面有一个学生举手回答说：“老师，你说得不对，最新的人口统计应该是12亿加1才对。因为我邻居家的一位阿姨昨天刚生了一个小宝宝。”

从上面的故事中，我们可以感觉到小学生的幽默很有可能是无意而为之的。这是由于小学生很可能还不理解概数与确数之间的区别，因此这种无意而为的幽默就不能称之为故作呆板的幽默。**故作呆板并非真的呆板，故作呆板的幽默术事实上是一种聪明人对智慧的运用方法。**

081 一个幽默的结尾会让演讲回味无穷

里根总统曾经在一个颇不寻常的时间空当——午宴之前发表过一次讲话，他的最后两句话就非常巧妙：“很感谢你们，愿上帝能够保佑你们。下面是你们现在十分期待从我嘴中听到的一句话：‘我们马上吃饭吧，现在就开始！’”

演讲的结束语有很多种，幽默式的结尾是其中比较有趣的一种。如果一场演讲能在大家的笑声中结束，就能给演讲者与听众双方都留下一份愉快而又美好的回忆，这也是演讲圆满结束的形式化标志之一。

通常而言，结论是演讲最为重要的一部分，如果说引言是你给大家带来的最初印象，那么结论就是你能给人们留下的最后印象，在决定听众是否能记住你以及评价你的演讲水平方面起着关键性的作用，将最终影响到你在大家心目中的形象。

被誉为“民族魂”的鲁迅先生在结束其《在上海中华艺术大学的演讲》时说：“以上演讲内容是我近年来对于美术界观察所得出的几点意见。今天我带来了一幅中国五千年的文化结晶，请大家欣赏一下。”

说着说着，他一手伸进自己的长袍，将一卷纸徐徐从衣襟上方颇为郑重地拿出，打开来一看，原来是一幅颇为丑陋的月份牌，全场顿时哄然大笑。

在这次演讲中，鲁迅先生用幽默的反语结合自己恰到好处的动作表演，让演讲在欢快的气氛中结束，并让听众在笑声中进一步品味话中的寓意。

在一次全天高层会议中，尼尔·拜伦是此次会议的第18个演讲者，也是最后一名演讲者。他知道台下的听众们已经厌烦到了极点，于是他将自己已经准备好的长达5页的演讲浓缩为下面的几句话，也是他在此次演讲中唯一的几句话：“非常感谢大家为我们的闭幕大会而留了下来，我当然也很希望保留到最后的也是最美好的。今天我的演讲主题就是‘如何在销售工作中保持你持久的激情以及耐力’。关于这个主题我并不打算多说废话，因为在座的各位只需要转过身去，和你桌子对面的人交谈一下此番的感受和意见就足够了，相信在座的各位所经历的切身感受会比我所能讲的要深刻得多！”

他说完这番话后，会场的疲惫气氛顿时一扫而空，与会的听众欣慰地将最热烈的掌声送给了他。尼尔·拜伦就是把握住了听众的心理，知道在这种令人厌倦的氛围中，不管多么动听的演讲都是白费力气的，于是索性将主动权丢给听众，再将此次演讲内容和现场听众的切身感受结合起来，既幽默风趣，又简短有力，让人不得不拍手称叹。

然而，并非只要是简短的演讲结束语就能取得好的效果。在这里，除了简短以外，还必须具备精彩的内容、深远的寓意。这就需要我们借助幽默的力量来实现。

艾森豪威尔在担任美国总统之前，曾经担任过哥伦比亚大学的校长。期间他曾经参加过一次宴会，当时有几位名人都进行了长篇演说，但是主持人最后还请他再进行一次讲话。艾森豪威尔注意到时间已经很晚了，迅速决定删去他原先已经准备好的演说内容，站起身来即兴发挥："每一篇演讲无论它写成书面的或者其他形式，都应该使用标点符号，那么今天晚上，我就做一次标点符号中的句号好了。"大家马上报以热烈的掌声。有人评价说，那次演说也是他一生中无数次演说中最著名的一次。

因此，结论的最后几句要仔细斟酌，让听众闻之而终生难忘。我们可以依托会场当时的情境，找出一个和听众之间的情感上的共鸣点和联系点，让听众能够大笑，让听众进行思考，让听众站起来为演讲者鼓掌喝彩。

第十章

这样的幽默要不得

082 庸俗的幽默要不得

在现代社会中，人们愈来愈重视自己的形象，因为形象的好坏直接影响着事业的成败。高雅的幽默不仅能塑造出良好形象，且能使人快速获得别人的好感。但在现实生活中，大多笑话是以低级趣味、搞怪恶整为主，缺乏一种艺术和智慧。不妨先来看看下面的这段对话。

小莲：“猪的英语拼写应该是PUG吧？”

小月：“不是，是PIG。”

小莲：“不对吧，我记得就是U（YOU／你）呀！”

小月：“不是，你搞错了，应该是I（我）。”

小莲：“什么，猪是YOU（你）！”

小月：“对，猪是I（我）。”

小莲：“呵呵，小月你是猪。”

小月：“这……”

或许，小莲只是想和小月开个玩笑，却把对方和猪联系在一起，相信没有谁会因这样的幽默而“会心一笑”。

幽默是美丽神奇的，它就好比是一道色、香、味俱佳的美味佳肴，让人不知不觉地想自己露一手。但在使用幽默时，一定要注意幽默的品位，特别是在社交礼仪场合。若在这种场合使用幽默不当，不仅会影响自己在他人心中的形象，甚至还有可能造成双方的矛盾。

李某在和朋友聚会时，为活跃现场气氛，就自告奋勇地讲了个笑话，如下。

说一个人在拉面馆里叫了一碗拉面，但等了半天也没有来。于是他对伙计说道："怎么我叫的'拉'面还不上？都等了半天了！"伙计赶紧说："您别着急，师傅正在拉呢！"说着大师傅便端着热面来了，并极热情地说："这是我刚拉的！还热乎呢！请您慢用！"

李某说完，朋友们大都感到很恶心。

李某的本意其实是为了活跃气氛，却误解了幽默的含义，把污秽之物等同于幽默，反倒破坏了大家的心情和聚会的气氛。没有谁会愿意破坏和朋友间珍贵的友情，所以，当我们利用幽默来增进彼此之间的友情时，千万不要说那种"损人不利己"的话！

尤其是一些青年男女在坠入爱河时，更应谨慎，千万不要让你的幽默过于庸俗。因为在爱情里，一个好的幽默可以让你在对方的眼中加分不少，也会给你的爱情加温；反之，一个庸俗的幽默则会让你的形象大打折扣，甚至还有可能让你失掉宝贵的爱情。

公园里，女友含情脉脉地对男友说："你告诉我，在你心中我是怎样的？"男友沉思片刻笑着说："你的相貌如梅花一样冷艳，气质如冰川一样含蓄，并且你有让我折服的内涵，有让我倾倒的酷。总之，你就是'梅川内酷'！"女友听后，一下便气得拂袖而去，留下他在那懊悔不已。

恋爱中的女孩都喜欢男友用幽默的语气来赞美自己，但上面这个男友所用的这种“幽默”赞美，让人听来不单是庸俗，更是十分可气，所以，女孩就此离去是可想而知的。

要知道，**幽默不是搞怪恶整，也不是低级趣味，**因此在运用幽默时一定要谨记，要让我们的生活远离那些低级庸俗的幽默！

083 莫将幽默变讽刺

我们在使用积极正面的幽默来赞美周围的人与事时，就如一句谚语所说的那样——“送人玫瑰，手留余香”。反之，如果在不恰当的场合，或在不该使用讥讽的口吻说话时，却用讽刺幽默来面对周围的人与事，就会让身边的朋友疏远你。

在这个竞争日益白热化的时代里，由于生活、工作中的种种压力，人们越来越渴望用幽默让自己快乐起来。**然而很多人却误解了幽默的含义，以致将讽刺错认为是幽默，甚至把自己的欢乐建立在他人的尴尬上。**有的人认为自己比别人优秀，因此会在言语中让别人觉得他高人一等，甚至还会在言语中讽刺别人不如自己。对此，即使别人再谦逊，恐怕心里也会愤愤不平。

有一天，一位富家少爷应邀参加一个慈善舞会，他在舞会上邀请了一位身份平常的慈善女成员跳舞。女子很不好意思地说：“您怎么会和我这样一个平凡的人跳舞？”富家少爷“幽默”地说：“这不也是一件慈善事业？”

很明显，这位富家少爷的幽默是抬高了自己，贬低了他人，实在是让人难以发笑。当女子听完他的话后，或许会正色对他说："我想我还是不接受您的慈善为好。"

朋友间的友情是需要好好维系的，而婚姻更需要小心呵护。婚姻就好比是珍贵的水晶，美丽且易碎，因此夫妻间更应注意自己的言辞，切勿将幽默变为讽刺，以免让美丽的水晶留下疤痕。

老王平时很喜欢开玩笑捉弄别人。一次，老婆对他说："同事都说我胖得像猪。"老王义愤填膺地说："他们怎么能叫你猪呢？这实在是太不像话了！总不能人家长什么样就叫人家什么吧！怎么能说你像猪呢？那简直是侮辱了猪啊！"老婆听后，狠狠地瞪了他半天，最后喊道："老王，我要跟你离婚！"

本来老王的妻子是想得到丈夫的安慰，没想到，丈夫却直言说妻子连猪都不如！要知道，不论是什么样貌的女人都忌讳别人说自己不好看，何况还是自己的丈夫。所以，当妻子听到丈夫的这番话后，自然会气得想要和他离婚。

对有的人来说，的确是无心讽刺对方，但有人却是真的想通过讽刺对方来达到自己心理上的满足。但有时他们也会"讽刺反被讽刺误"，被对方反讽刺，以致让自己丢了颜面。

有一天，小林刚从朋友家回来，恰巧在街上迎面碰上了两个平时总爱挖苦别人的同事。

随后，他二人很热情地和小林打了个招呼，其中一个拍了一下他的肩膀说："小林，我们刚才正在为你而争论，你说你这个人究竟是更无赖，还是更愚蠢呢？"

小林马上抓住他们两人说："哦，答案就是，我处于这二者之间。"

小林的这个回答，不仅使那两位自以为是的同事没有达到讽刺别人的目的，反倒把他们给绕了进去，自讽了一回。

讽刺就好比是一个哈哈镜，当你面朝它时，就会从镜子里看到自己扭曲的外表，可笑的也只会是自己。所以，我们应该找到一面真实的镜子，才能弄懂什么才是真正的幽默！

084 幽默要符合自己的身份

幽默的完美发挥也会受到身份的制约。幽默只有符合自己的身份，它才能让你给别人留下一个好印象。所以，只有格调高雅、内容健康的幽默，才能真正维护好自己的形象。

有道是："言为心声。"一个人用何种身份说话，就能反映出他的思想境界、处世方式及待人接物的态度。需要注意的是，要把握好交谈双方特定的关系且做出语言的修饰调整，才能更好地传达情意。

在单位内，下属和上司相处是一门学问。通常而言，下属对上司是应该尊敬的，但当上司有一些不尽如人意的表现，而这又需要下属来品评的时候，就很考验下属的说话技巧了。

有一个法警，不管是待人还是接物都是彬彬有礼。一次，他陪伴法官去打猎，回来的时候，有人问他："法官今天有怎样的收获？"他回答："法官的枪法很高明，只是上帝今天对飞鸟特别仁慈。"

法警谨记自己的身份，为此他以一个委婉幽默的方式告诉了别人法官打猎的结果，既维护了法官的颜面，又给其留下了一个好印象。试想，有哪位上司会不喜欢这样幽默的下属呢？

通常，女孩都是非常矜持的，但也正是因这种特有的矜持，让很多想结婚的女孩不好意思向心仪的对象表达自己心中的意愿，从而陷入一种“想结婚难开口”的境地。那么，遇到这种情况，娇羞的女孩该如何暗示对方呢？

一对情侣正漫步在花前月下。男友很陶醉地说：“哦，还能有什么样的月亮比得过这中秋的明月啊！”此时，已有结婚打算的女友，便适时略带羞意地说：“那就只能是‘蜜月’了。”

女孩顺着男友的话，说出“蜜月”比“中秋之月”更加美好，以此将自己的想法含蓄地表达了出来。这样既不失女孩子矜持的身份，又没有表现出急切的心情。试想，哪位男友听了这话，不马上向女友求婚啊？

夫妻间的言语大都比较随意，但有时也是需要特别注意的。比如，呵护、关怀妻子是丈夫应做的，但倘若妻子做事有过分之处，做丈夫的还是需要表达出自己的意见。

有位妻子做事总是拖拖拉拉，以致和朋友聚会老迟到。为了让妻子改正这个缺点，丈夫在一次参加朋友婚礼之前故意躲了起来。当妻子打扮了一小时出来后，却找不见丈夫。

妻子叫道：“亲爱的，你在哪儿？”

丈夫在卫生间里答：“在剪指甲。”

妻子说：“哦，亲爱的，你刚才不是已经剪过指甲了吗？”

丈夫又说：“等你太久了，所以指甲又长出来啦！”

丈夫的幽默使妻子明白了丈夫对自己善意的提醒，同时也表现出了丈夫应有的体贴和细心，这样妻子下次的打扮速度必定会有所提高。而那些忘记自己身份的丈夫，就只能让妻子伤心了。

有一天，丈夫正在专心看书，妻子在一边看电视。此时，电视屏幕上出现了一对恋人，男人对女人说："亲爱的，我一直都把你看成是自己的一部分。"妻子看得很感动，便对一心看书的丈夫说道："喂！你什么时候把我看成是你身体的一部分？"丈夫心里原本就嫌妻子开电视机打扰了他看书，便对她毫不理会。妻子又问道："喂！我在问你呢！到底我是你身体的哪部分？"丈夫很不耐烦地答："盲肠！"顿时，妻子无语。

很显然，丈夫的幽默只是想到了他自己，完全没有重视对妻子的感情，从而打击了妻子对他的一片热情。

当说出的幽默适合自己的身份时，你就会感到朋友愈来愈多，职场的路愈来愈顺，爱的味道愈来愈甜。而这，正是幽默的力量之所在！

085 别拿别人的不足开玩笑

当你把别人的不足视为幽默时，那幽默便从珠宝变为粪土，从鲜花变为垃圾，从优美的旋律变为嘈杂的噪声，而你也将会从他的朋友变为他的敌人。

正所谓"金无足赤，人无完人"，每个人都有缺点和不足。但任何人都不应该拿别人的缺点、不足开玩笑，或是以伤害别人为乐趣。

有句话说：“当你用微笑面对世界时，那世界也必定会对你微笑。”因此，当你以伤害别人为乐时，那别人也必定不会微笑以对。

小林天生有口吃。有一次，一位朋友想拿他开玩笑，就对他说：“我能叫你学鸡叫，所以我问你什么，你就要答什么。”旁人问：“那如果小林不肯学鸡叫呢？”朋友又说：“一定能！”随后他抓起一把稻谷问小林：“这是什么呀？”小林口吃着说：“谷，谷。”他笑着说：“你看，这不是学鸡叫了吗？”旁人哈哈大笑，而小林却被羞得无地自容。

这位朋友故意利用别人口吃来开玩笑，使其受到众人的嘲笑，事后，小林肯定不会再和这种人做朋友了。不论你是有心还是无意，将这样的幽默运用到朋友身上，都会使你失去友情，最终成为一个没人理会的人。

人们常说：赞美一个女人的最好方式就是夸奖她的容貌。要知道，女人都是很爱美的，即便她的容貌不美，也不会想从朋友嘴里听到贬低自己容貌的话。

有一次，小李碰到了自己的一个女性朋友。他盯着人家看了半天，女方不好意思地问他在看什么。他故作恍然大悟地回答：“通过仔细观察你的脸，我现在终于知道月球表面是什么样了！的确是坑洼啊！”听完此话，女方气得转身就走了。

小李这个幽默，把朋友的脸比作坑坑洼洼的月球表面，明显是在打击这位朋友，也难怪她会气得转身就走。而小李若想将这段友谊补救回来，恐怕就不是一句道歉那么简单了。

在我们周围，或许经常能看到一些残疾人，假如我们能像对待正常人一样对待他们，他们也就不会因自身的缺陷而感到自卑和痛苦。但偏偏有些人自恃是正常人，抓住别人的缺陷不放，甚至以此来开玩笑。这些人不知道，随意取笑残疾人，只能说明自己是个心理残疾的人。

一个人因小时候生了一场大病，之后便双耳失聪，成了聋子。一天，办公室同事故意拿他的耳聋开玩笑。这位同事和其他同事说道："在当今这个嘈杂的世界里，他是那个最能清静下来的人，从这方面来看，他是幸运的。"

这位同事把别人的残疾看成是一种笑话，这不仅体现了自己内心的冷漠，更使得周围的人对他产生鄙夷。

幽默的魅力，就好像空谷幽兰，虽然看不到它盛开的样子，却能闻到它清新淡雅的香味。倘若是伤人的"幽默"，那就如一堆腐烂的垃圾，即便没有挨着别人，但其腐烂酸馊的气味也会让人躲闪不及。

086 别拿别人的隐私开玩笑

当我们拿别人的隐私来开玩笑时，这不仅不会使人发笑，有时反而还会让自己受到伤害，甚至陷入危机之中。

谁都有自己的秘密，都有一些藏在心里不愿让人知道的事。所以，当和朋友、同事闲聊时，即使你们感情再好，也不要去揭别人的伤处，或是将别人的隐私公布于众，更不能以此当笑料。要知道，当你说出了别人的隐私，你可能是说者无意，但听者却是有心啊！这样就会给自己树立一个自己潜在的敌人。

一个茶馆老板的妻子结婚刚刚两个月，就生了一个大胖小子，为此邻居们赶来祝贺。老板一个要好的朋友吉米也来了，他送的礼物是纸和铅笔。老板谢过之后，就问："吉米，给这么小的孩子送纸和笔，不是太早吗？"

吉米说："不会的，您的孩子很性急。本该九个月才出生，但他偏偏两个月就出世了，六个月以后，他肯定能去上学，所以我才提前给你准备了纸和笔。"话刚说完，人们都大笑起来，茶馆老板夫妇则无地自容。

这位朋友调侃别人的隐私已是不对了，何况还选在一个公众场合揭别人的短。或许他是无意间这么做的，但这样随意的调侃，很可能会让他失去一个多年的朋友。

其实像吉米这样的人还有很多，他们总喜欢将调侃别人当成一种乐趣。就许多模范丈夫来说，对妻子服服帖帖，本来就是夫妻双方你情我愿的事，但偏偏就有一些无趣的人喜欢将此事当作谈资，完全不顾及别人的面子。

一群人在闲聊。

A："C能说说你是怎么当丈夫的吗？"

B："那可真是'三从四德'啊！"

A："真的？"

B："千真万确，所谓三从就是：太太出门跟从；太太命令服从；太太说错盲从。四德（得）则是：太太化妆等得；太太生日记得；太太打骂忍得；太太花钱舍得。"顿时，C被气得说不出话来。

很明显，B为赢得一些廉价的笑料，不顾C的面子进行调侃，这无疑是对C的一种伤害。同时，这也显得B缺少教养，对自己的形象也是一种伤害。只是B暂时还感觉不到这种伤害罢了。

另外，工资也属于个人隐私。因为不同的人干不同的工作，获取工资多少，不单是个人能力高低问题，也会有不同的工作价值取向在里面。而只以工资多少来看人，只能反映出这个人对工作价值理解的浅薄。

一群人在沙滩上玩乐。这时王某抓起一把沙子，笑着对大家说："你们看这沙子就像小杨那微薄的工资一样，不管他抓得多么紧，总会从手指缝漏去，最后就只剩那么一点。"众人听后大笑，而小杨的脸色却十分难看。

王某这种拿别人隐私来幽默的做法，很可能会让小杨的自尊心受到伤害。因为，幽默也是会伤人的，尤其是在涉及别人的隐私和缺点时。所以，**当我们说幽默话的时候，一定要拿捏好度，千万不能拿别人的隐私开玩笑，不能伤害别人。**

087 幽默也要分场合

民间有谚"见什么人说什么话，到什么山唱什么歌"。幽默也是如此，在什么场合就要说什么幽默。要巧妙利用场合与氛围，使谈话的意图、内容与场合气氛协调一致，这样易于被对方理解、接受。

既然适当的时机与场合是促成谈话成功的因素之一，那么我们就要在实际情况许可的前提下，充分利用好这个因素，让自己的谈话与场合气氛协调一致。例如，在约会、洽谈生意等重要的人际交流活动中，就应先考虑时间、地点。

某新歌手在一次演唱比赛中夺得冠军。主持人在问他此时此刻有怎样的感受时，他说道："今天我获得了冠军很高兴，因为我赌得了奖金，也赌到了名声。"这个"赌"字一出口，全场一片哗然，嘘声不断。

这种不看场合的说话方式，会给人一种粗俗浅陋的感觉，故而这位“新秀”的形象也会在大家的心中大打折扣，甚至还会让人质疑他的参赛动机和人格品质。

由此可见，在公众场合，谈吐一定要注意周围环境，掌握好分寸。

幽默是处理人际关系的缓冲剂，得体的幽默不仅能淡化矛盾、消除误会，还能让人迅速摆脱困境，避免尴尬。

幽默话除了要重视场合，还要善于利用场合，并根据当时的整体形势做出应对，以营造出和谐的交流气氛。

假如在一些严肃的场合，说者一本正经，听者也一本正经，就可能会给人一种强烈的压抑感。此时，一个适时、恰如其分的诙谐，则能很好地缓解略显沉闷的气氛。

但要注意不要总以自己为中心，以避免让别人感到不快或是受冷落。要知道，聚会是你的社交，同时也是别人的社交，因此也要给别人留有表现的机会。

若有德高望重的长辈或领导在场时，就必须以他们为中心，假如他们也喜欢幽默，那么恰到好处地说上几句也不是不可，但千万不要抢了他们的风头，不要喧宾夺主。

088 掌握好幽默的尺度

在日常生活中，适度、得体地开个小玩笑幽默一下，可以让周围的人感到轻松自在，同时还能营造出适合交际的活跃气氛。但若玩笑无度，那就非但达不到好的效果，甚至还会造成意想不到的不良后果。

美国的前总统里根因在不适当的场合展示所谓的幽默而造成了极其严重

后果。

一次，在国会开会之前，里根为了试一试麦克风是否好使，便说道："请大家注意，5分钟后，我将会宣布对苏联进行轰炸。"此话一出，众皆哗然。里根在错误的场合、错误的时间，开了一个极其荒唐的玩笑，对此，苏联政府提出了强烈的抗议。

幽默也需要挑选对象，这就好比音乐是给会欣赏音乐的人听的，绘画是给能品味绘画艺术的人看的，若找错了对象，幽默就难免会造成双方的难堪。

一次，一位男士的女同事穿着一身非常漂亮的衣服来上班，他便幽默地说："今天准备出嫁啊？"其实这是一种夸赞，不过就是话说得有点过。

他的这位女同事是一个神经质的泼妇，听闻此言，十分恼怒："你竟敢骂我！难道我离婚了吗？难道我丈夫不在了吗？"随之而来的是一大串的谩骂。

这位男士怎么也没想到，自己颇为得意的幽默竟被人家当成了不堪入耳的污言秽语，得到的竟是这般难堪。为此，他有口难辩，只好向其道歉。后来，每当提起此事他都苦笑不已，因为那位女同事为此竟到处说他是个"二百五"。

为达到开玩笑的目的，又不惹出不必要的误会，在开一些玩笑前，我们可以事先做一下说明，这种做法是很值得借鉴的。

例如，日本人在开玩笑之前都会很紧张，所以他们会先打个招呼。也许我们觉得这样实在没必要，但日本人觉得，这种"穿靴戴帽"是很必要的。只有这样，对方才会有心理准备，才不会将玩笑和严肃的话题混淆，以免造成误会。假如玩笑与对方有关，那么事先打个招呼则能避免伤害对方。日本人不仅会在说笑话前做预告，就连对某件事提出尖锐的批评时也要先说一句："我有一句很难听的话要说。"说完后还会再加一句："这话虽刺耳，但请不要往心里去。"

下面就提出几点在运用幽默时应注意的问题。

第一，在与长辈、晚辈开玩笑时忌轻佻放肆，特别是忌谈男女情事。当几辈同堂在一起开玩笑时，讲究的是高雅、机智、幽默，能助兴，且乐在其中。

第二，与残疾人开玩笑时，应注意避讳。谁都怕别人拿自己的短处开玩笑，残疾人更是如此。俗语“不要当着和尚骂秃子，瞎子面前不谈灯光”，说的就是这个道理。

要知道，没有人是十全十美的，再看似完美的人也会有缺点和不足，但这些并不是你拿来开玩笑的素材。因为这种笑话会严重伤害到对方，甚至造成不堪设想的后果。

第三，与没有血缘关系的异性单独相处时，忌开玩笑（除夫妻外）。即使是很正经的玩笑，最好也不要开，否则可能会引起对方的反感，或引起旁人的猜测非议。要和对方保持适当的距离。当然，也不能太过拘谨。

异性间的幽默要做到张弛有度，那些所谓的“荤段子”不仅不能拉近距离，反而还会降低自己的格调，使对方觉得你低俗不堪。

第四，朋友陪客时，忌与朋友开玩笑。人家已有共同话题，并且气氛很和谐、融洽，假如你突然介入其中开玩笑，那无疑就是转移了别人的注意力，打断别人的话题，破坏了别人谈话的雅兴，这时朋友会觉得你让他很丢面子。

第五，不要板着脸开玩笑。幽默到了最高境界，往往是大师不笑，别人笑。虽然在生活中我们并不是幽默大师，很难做到这点，但和别人开玩笑时也不能板着脸，免得引起不必要的误会。

第六，不要总与同事开玩笑。开玩笑要掌握一定尺度，不要大大咧咧地总开玩笑，不然时间长了，在别人面前就会显得不够庄重，别人也就很难尊重你。这样在领导面前，就会显得不够成熟、踏实，领导可能因此会不信任你，不愿对你委以重任。

第七，不要把捉弄他人当玩笑。捉弄别人就是对别人的不尊重，会让人觉得你是恶意的，且事后很难解释。轻者会伤及你与同事间的感情，重者则会危及你的“饭碗”。所以，一定要记住“群居守口”这句话，千万不要祸从口出，不然你会追悔莫及的。

第八，幽默的内容一定要高雅。要知道，笑料的内容是取决于开玩笑者的思想情趣和文化修养。内容健康且格调高雅的笑料，不仅能给对方启迪和精神享受，同时也能更好地塑造自己的形象。

第九，幽默时态度一定要友善，这也是开玩笑的一个原则。幽默的过程就是感情相互交流传递的过程，假如借开玩笑对别人冷嘲热讽，发泄内心不满的感情，就会引起不必要的麻烦。或许，有的人不如你口齿伶俐，你虽然占了上风，但别人会因此而不愿和你交往。

第十，行为一定要适度。开玩笑除了可以借助语言外，有时还可通过行为动作来逗别人发笑。有一对小夫妻，感情非常好，整天都会开玩笑。有一天，丈夫摆弄鸟枪，突然对准妻子说：“不许动，动我就打死你。”说着真的扣了扳机（丈夫以为是空枪），结果妻子意外地被打成了重伤。所以，千万不要把玩笑开得太过。

若能把握好幽默的分寸，我们就能很容易地为别人和自己营造出轻松、愉快的气氛，从而让自己的生活更有情趣。

089 幽默要分对象

在社交场合里，我们所面对的人是形形色色的，可以说是男女老少都有。正因为如此，他们的兴趣、爱好，以及文化修养、身份背景等，也都会有所不同，假如我们不能根据他们各自的特点，说出有针对性的、恰当的话来，那么必定会招致他们的反感，让自己成为一个不受欢迎的人。

懂得幽默技巧的人，会在分清对象的前提下，适时说上几句风趣的话，这对活跃气氛定是有帮助的。但若选错了幽默的对象，或者在不合适的场合说了出来，那便会适得其反，让人啼笑皆非。

小田去参加某宴会，由于出门晚了，就显得有点匆忙。到了宴会上，他急忙找个地方坐下，刚好看见烤乳猪就放在自己面前，他十分高兴，因为这是他最爱吃的东西，于是随口说："我运气真好，竟然能坐在烤乳猪的旁边。"

话刚说完，他就发现有些不对劲，只见身边一个胖胖的女士正对他怒目而视。他知道自己说错话了，赶忙解释道："我不是说你，我是说那只烧好了的。"

原本不解释还好，可这一解释反倒更乱了，那个胖胖的女士当即大怒，和他吵了起来。

这便是说话不看对象所造成的恶果。其实小田的话并没有讽刺、嘲笑胖女士的意思，但胖女士听见了，以为说的是自己，就觉得很不舒服。再加上他又词不达意地解释了一番，更是加深了误会，致使自己在社交场合形象扫地。

当然这不过是一个笑话，却足以让人警醒。因此，在与别人交往的过程中，一定要根据对方的具体情况，选用恰当的幽默，来表达出自己的思想，融洽双方的关系。

如果我们能根据所遇到的人的具体情况来说幽默话，就能使幽默真正起到人际关系润滑剂的作用。但很多时候，尤其是在和对方初次相见的情况下，我们对对方的底细缺乏了解，常常会不知道说什么话或进行多大程度的幽默才合适，这就对我们的个人交往提出了挑战。

要知道，有些场合，在陌生人面前缄默不语是非常不礼貌的，但如果不慎说错话、造成不良影响，那就不仅仅是不礼貌的问题了，简直就是天大的错误，日后再想挽回，更是难上加难。

难道就没办法了吗？非也。善于幽默的人都知道幽默的一个原则，即与人为善，若不能拿别人来开心，那就拿自己来自嘲，一样能达到活跃气氛的目的。

黄宏在一次演出中受到广大观众的热烈欢迎。当时情况是这样的：客串主持人是一个台湾来的三流歌星，她两次上台报幕都让观众轰了下来，最后只好请黄宏出场。

对此，这个主持人十分不解，她对黄宏说道：“真是没想到，你在这里竟这么受欢迎！”

黄宏微微一笑说：“那是你还不了解，其实像你我这样普通话说得不好的，在这都很受欢迎！”

这样一番自嘲的话，使得对方听了心里很舒服，且容易接受。但有一点必须说明，黄宏是演小品的，不说普通话是演出的需要，而那位主持人说不好普通话，就另当别论了。

漫画家方成名气大了之后，有人向他求字，他不好拒绝，就谦虚地写：“平时只顾作画，不知勤习书法。提笔重似千斤，也来附庸风雅。”之后，又有朋友来求字，他又写道：“没正经临过帖，动笔歪歪斜斜，横不像横，撇不像撇。谁敢要，我敢写。”同样他也是根据自己所交往的对象，来进行恰如其分的幽默，不仅收到了良好的效果，还展现了自己高雅的情趣与平易近人的个性。

090 幽默不能急于求成

古人说：“妙在水到渠成，天机自露，我本无心说笑语，谁知笑语逼人来。”幽默也是如此，最好能在充分的铺垫后薄发，不可急于求成。

幽默的语言是有一定过程的，可以将这种过程比喻成建一栋高楼。若没有几米深的地基，就不会有高楼的拔地而起，不盖第一层和第二层楼，就不会有最高层。这是一个需要不断沉淀造势的过程，因为，成功的光芒只有在盖完最后一层时才可以显现出来，才能“一句中的”天下乐，让幽默取得良好的效果。

在《正大综艺》节目中，有一次赵忠祥手拿一张画有绿色圆圈的纸问：“杨澜，请你当着大家的面，说说我手里拿的这是什么。”

杨澜回答：“这不是一张画吗？哦，我知道啦，您这个画的是一个西瓜，可是也太简单了。”

赵忠祥说：“哦，不对，你再猜猜。”

杨澜说：“啊，不是西瓜啊，那是小一号西瓜？要不就是绿皮香瓜。”

赵忠祥说：“为什么要想得那么复杂呢？”

杨澜说：“哦，我知道了，这就是一个绿圆圈。”

赵忠祥说：“不能算正确。”

杨澜说：“那我可猜不出来了，您还是告诉大家吧。”

赵忠祥说：“我手里拿的是一张画有绿圈的纸。”

台下观众笑了，台上杨澜也笑了。

我们不妨用这组对话，来说说幽默话语的构成规律。

幽默由4个环节组成：悬念——渲染——反转——突变。有时可以隐含或省略一些环节，但这4个环节却是客观存在的。例子中，赵忠祥显然是有意创造幽默，他首先出示“画了绿色圆圈的纸”，这是悬念的制造；然后不断地“卖关子”渲染，以引起大家的关注和期待；而“为什么要想得那么复杂”则是反转，是引而不发的心理迁移；最后，当杨澜泄气的时候，赵忠祥揭示让人意想不到的谜底，便是突变。

所以，幽默的特点就是，不动声色地制造出悬念，并引而不发地加以渲染，最后再轻描淡写地反转、突变。其中，最忌讳的是“幽默预告”。假如赵忠祥事先对观众说：“现在我向杨澜提一个幽默问题。”这么一说，“幽默”必然会荡然无存。

有一天，在巴黎的街市上一个烟商正在大谈抽烟的好处，突然一个老人从听众中走出来，那位商人见他径直走上台来，吃了一惊。

老人站定后大声说道：“女士们！先生们！对于抽烟的好处除了这位先生讲的以外，我再补充三点。”

烟商一听乐了，说道：“先生，谢谢您了！您相貌不凡，定是位学识渊博的老人，请您把抽烟的三大好处当众讲讲吧！”

老人也笑了笑，说道：“第一，狗害怕抽烟的人，一见就逃。”台下一片轰动，商人暗暗高兴。“第二，小偷不敢去偷抽烟者的东西。”台下连连称奇，商人更加高兴。“第三，抽烟者永远不老。”台下听众惊作一团，商人更加喜不自禁，要求老人细细解释。

老人把手一握，说道：“第一，抽烟的人驼背的多，狗一见到他以为是在弯腰捡石头打它哩，能不害怕吗？”台下笑出了声，商人吓了一跳。“第二，抽烟的人夜里爱咳嗽，小偷以为他没有睡着，所以不敢去偷。”台下一阵大笑，商人大汗淋漓。“第三，抽烟人很少长命，所以没有机会衰老。”台下哄堂大笑。

此时，大家一看，烟商早已不知去向。

这位先生讲话一波三折、层层推进，在一步一步把听众的思维引向迷惑不解的境地，把听众的胃口吊得足够“馋”的时候，才不慌不忙地表达出自己的意思。按照惯常思维，抽烟是应该遭到反对的，因为抽烟的危害人所共知，当老人一言不发地走向大谈抽烟好处的商人时，一般人认为老人要提出反对意见，老人却也大谈抽烟的好处。商人和听众一样大惑不解，因而急切地想知道原因。最后，老人以幽默的话语做了妙趣横生的解释，既让听众开心，又让听众从商人的欺骗性话语里走出来，意识到抽烟的危害性。因为他所说的三条好处其实正是抽烟的危害之所在。

幽默不能急于求成，假如迫不及待地将妙语趣事说出来，或是太早让人知道有趣的谜底，急于引人发笑，那就会显得操之过急。此时，由于铺垫不够，火候不到，幽默也必然会变得索然无味。所以，一定要娓娓而谈，不徐不疾，让听众对结果有错误的预期，且有一个缓冲思考的时间，然后再一语道破“天机”。但也不能太慢，太慢则会使听众忘了自己所期待与预期的是什么了。